www.ingramcontent.com/pod-product-compliance
Lightning Source LLC
LaVergne TN
LVHW020442070526
838199LV00063B/4820
* 9 7 8 9 3 5 8 7 2 5 6 2 9 *

ذوقی کی ادبی ڈائریاں

(مضامین)

مشرف عالم ذوقی

© Musharraf Alam Zauqi
Zauqi ki Adabi Diaries (Essays)
by: Musharraf Alam Zauqi
Edition: March '2024
Publisher:
Taemeer Publications LLC (Michigan, USA / Hyderabad, India)

ISBN 978-93-5872-562-9

مصنف یا ناشر کی پیشگی اجازت کے بغیر اس کتاب کا کوئی بھی حصہ کسی بھی شکل میں بشمول ویب سائٹ پر اَپ لوڈنگ کے لیے استعمال نہ کیا جائے۔ نیز اس کتاب پر کسی بھی قسم کے تنازع کو نمٹانے کا اختیار صرف حیدرآباد (تلنگانہ) کی عدلیہ کو ہو گا۔

© مشرف عالم ذوقی

کتاب	:	ذوقی کی ادبی ڈائریاں (مضامین)
مصنف	:	مشرف عالم ذوقی
پروف ریڈنگ / تدوین	:	اعجاز عبید
صنف	:	غیر افسانوی نثر
ناشر	:	تعمیر پبلی کیشنز (حیدرآباد، انڈیا)
سالِ اشاعت	:	۲۰۲۴ء
صفحات	:	۱۳۲
سرورق ڈیزائن	:	تعمیر ویب ڈیزائن

فہرست

(۱)	ادبی ڈائری:1	6
(۲)	ادبی ڈائری:2	15
(۳)	ادبی ڈائری:3	22
(۴)	ادبی ڈائری:4	28
(۵)	اردو کی خواتین باغی افسانہ نگار	42
(۶)	میری کہانیوں کی عورتیں	68
(۷)	منٹو ہندستانی	104
(۸)	فراڈ منٹو	111
(۹)	منٹو: ایک کولاژ	123

ادبی ڈائری۔ 1

تنہائی میرا سب سے بڑا ہتھیار ہے۔ تنہائی میری سب سے بڑی مضبوطی ہے۔ میں تنہا ہوتا ہوں اور اپنی دنیا کا سکندرِ اعظم بن جاتا ہوں۔ جو بس اس خیال سے پیدا ہوا ہے کہ اسے ساری دنیا کو فتح کرنا ہے۔ بند کمرہ۔ آنکھوں میں چھائی ہوئی دھند۔ میری میز۔ میری جانی پہچانی کرسی۔ شیلف میں سجی کتابیں۔ جب بھی گھبراتا ہوں' پریشان ہوتا ہوں' کرسی پر بیٹھ جاتا ہوں۔ کمرہ بند کر لیتا ہوں۔ آنکھوں میں آہستہ آہستہ دھند کے اترنے کا ایک لامتناہی سلسلہ شروع ہو جاتا ہے۔ یہ دھند کی وادیاں در اصل میری سلطنت ہیں۔ دھند کی ان وادیوں میں اچانک ہزاروں قمقموں کے برابر روشنی پھیل جاتی ہے۔ میں دیکھتا ہوں' میں ہوا کے رتھ پر سوار ہوں۔ بس اڑتا جاتا ہوں۔ خوش رنگ مناظر حیرت سے اپنے آقا کی نہ ختم ہونے والی اڑان دیکھ رہے ہیں۔ خوش رنگ مناظر اور آقا۔۔۔!لیکن یہ سارے گل بوٹے میرے ہیں۔ یہ منظر میرے دم سے خوش رنگ ہیں اور میرے وجود کی خوشبو سے کھلکھلا اٹھتے ہیں۔

میں ایک لمحے کو ٹھہر تا ہوں۔ آنکھوں میں جلتے ہوئے چراغ کانپ رہے ہیں۔

کیا ہوا۔۔؟

کچھ نہیں۔

کچھ کیسے نہیں۔۔؟

کیا بتاؤں، کسی نے میرے اب تک کے کمٹمنٹ کا مذاق اڑایا ہے۔

تو اڑانے دو۔ یہ بادشاہوں کے ساتھ ہوتا رہا ہے۔

لیکن میں دکھ جاتا ہوں۔

کیوں؟

بس — یونہی — ساری زندگی لٹا کر بھی پوچھا جائے کہ تم نے کیا کیا ہے تو —؟ بس وہی چار کیلیں، جو مضبوطی سے ادب کے چوراہے پر 'گاڑ' دی گئی ہیں۔ مدتوں سے — چوراہے پر تو چار راستے ہیں۔ چار مختلف سمتوں میں۔۔۔؟

ہاں۔۔۔تو۔۔۔؟

'دیکھنے والوں کی نظر کمزور ہے۔'

'اس سے کیا ہوتا ہے۔'

'دیکھنے والے کل تمہیں بھی دیکھیں گے اور دیکھتے رہ جائیں گے — گھبراؤ مت۔ موسم کا مزاج بدل رہا ہے۔ ہوا تیز ہے۔ ابھی حال میں ممبئی میں بارش نے لوگوں کا جینا دوبھر کر دیا۔ سونامی ہزاروں لاکھوں نشانیاں اپنے ساتھ لے گئی۔ ایک دن ایک تیز آندھی آئے گی۔ یہ چار کیلیں 'اکھڑ جائیں گی۔ پھر نئی کیلیں نکلیں گی۔ گھبراتے کیوں ہو۔

حقیقت یہ ہے کہ میں کبھی نہیں گھبرایا۔ گھبراتا کیسے۔ یاد ہے۔ ہم چھوٹے تھے۔ تین بھائی، تین بہن۔ ابا سارے بچوں کو گھیر کر کہانیاں سنایا کرتے تھے۔ ان کہانیوں میں داستان امیر حمزہ سے لے کر ملفوظات خواجگان چشت، رامائن، مہابھارت، ورڈس ورتھ سے غالب اور طلسم ہوش ربا سے دمیجک ماؤنٹین تک اور سراج انور کی کالی دنیا سے لے کر ہومی جہانگیر بھابھا جیسے سائنسدانوں کی کہانیاں یا آپ بیتی بھی ہوتی' جنھیں سنتا' سناتا ہوا میں کب اپنی سلطنت کا امیر بن بیٹھا' یاد نہیں — بچپن میں کھیل مجھے کبھی راس نہیں

آئے۔ ہر کھیل میں ہار جاتا تھا۔ یاد ہے اس رات ابا خواجہ بابا (حضرت خواجہ غریب نواز اجمیری) کے بارے میں بتا رہے تھے۔ جب انہیں خواجہ عثمان ہارونی کی پابوسی کی دولت نصیب ہوئی۔ وہ خواجہ کو لے کر بدخشاں میں آئے۔ ایک بزرگ سے ملے' جس کی عمر سو سال سے بھی زیادہ تھی۔ وہ خدا کی یاد میں زندگی کے باقی ماندہ دن گزار رہا تھا لیکن اس کا ایک پاؤں نہ تھا۔ پوچھنے پر اس نے بتایا کہ اک بار نفسانی خواہش کی خاطر اس نے جھونپڑی سے باہر قدم نکالا ہی تھا کہ آواز آئی کہ لے' آج تو اپنے اقرار سے پھر گیا۔ ہیبت طاری ہوئی۔ چھری پاس پڑی تھی۔ اس نے چھری اٹھائی۔ آنکھیں بند کیں۔ پاؤں کاٹ ڈالا اور باہر پھینک دیا—

ابا کہانی سنا چکے تھے۔ مجھ پر ایک عجیب کیفیت طاری تھی۔ میں کمرے میں آیا۔ دھند کے بننے اور پھیلنے کا سلسلہ شاید یہیں سے شروع ہوا۔

میں نے آنکھیں بند کیں۔ میں ہوں۔۔۔ میں ہوں۔۔۔

میں مشرف عالم ذوقی۔۔۔ میں ہوں۔۔۔

آواز آئی۔ لیکن تم کہاں ہو۔ تم تو کہیں بھی نہیں ہو۔ تم تو معمولی سے معمولی کھیل میں بھی ہار جاتے ہو۔۔۔

جی پر لرزہ طاری تھا۔۔۔ میں ہوں۔۔۔ میں ہوں

میں اب نہیں ہاروں گا' میں اب صرف جیتوں گا' میں نے کھلونے اٹھائے۔ باہر پھینک دیئے۔ کھیل سے توبہ کر لی۔ قلم اٹھایا۔ آنکھوں سے لگایا۔ اب صرف جیتوں گا۔۔۔ صرف جیتوں گا۔

تنہائی سے یہ میری پہلی خود کلامی تھی جس نے مجھ میں جینے کا الکھ جگایا۔۔۔ مدتوں بعد پروفیسر ایس کی عجیب داستان لکھتے ہوئے یہ خود کلامی مجھ پر سوار تھی' جسے پروفیسر

ایس کے کردار میں ڈھالتے ہوئے اور تین مونولاگ کی شکل میں پیش کرتے ہوئے ایک عجیب سی تخلیقی سرشاری میرے وجود پر حاوی رہی۔۔۔

تنہائی اور قلم —مجھے میرے جینے کا سہارا مل گیا تھا۔ میں اپنی تنہائیوں کو قصے جمع کرنے کے لیے چھوڑ دیتا۔ چھوٹے چھوٹے نوٹس تیار کرتا۔ پھر ان قصوں کو لکھ ڈالتا— یہاں تک کہ میری کہانیاں رسائل میں شائع ہونے لگیں۔ زندگی سے بہت کچھ سیکھنے کو ملا۔ یہ بھی کہ غرور کسی بھی تخلیق کار کے لیے موت سے کم نہیں —مجھے یاد ہے 'اسکول سے کالج تک میں اپنے 'ہونے' کے نشہ میں گم تھا۔ مجھے اپنی خوبصورتی اپنے خوبصورت چہرے اپنی بلا کی ذہین آنکھوں پر غرور تھا۔ بچپن میں اکثر یہ مکالمہ دوسروں سے سننے کو ملا کہ مشرف جیسی آنکھیں تو صدیوں میں کسی کے یہاں دیکھنے کو ملتی ہیں۔ بس یہ نشہ بڑھتا گیا۔ اپنے آپ سے محبت کا یہ نشہ اتنا گہرا تھا کہ میں کسی کو بھی خاطر میں نہ لاتا۔ مگر آہ اسی غرور نے مجھے انسان بنانے کا بھی کام کیا۔ مجھے اپنے الجھے الجھے گیسو پسند تھے۔ دہلی آنے کے بعد سر سے بال کم ہوتے گئے۔ مجھے اپنی آنکھوں پر ناز نہیں 'بلکہ غرور تھا۔ خدا نے ان آنکھوں کو کمزور کر دیا اور ہمیشہ کے لیے ایک سیاہ چشمہ میری آنکھوں پر آ گیا۔

میری خود کلامی کا دوسرا دور تھا—

خود پسندی کے صحرا سے باہر نکل آؤ۔

ہوں؟

یہ تمہیں تباہ کر دے گی۔

کر دے، بلا سے—

تمہارے اندر کا تخلیق کار مر جائے گا۔

میرے اندر کا تخلیق کار—میں کانپ رہا تھا۔ یہ مر جائے گا تو میں۔۔۔ میں زندہ

کب رہوں گا—؟ سوال نے پھر سر نکالا۔ دہلی کی بھیڑ بھری سڑکوں پر کون تم سے چھوٹا ہے؟ یہاں پرائم منسٹر رہتے ہیں۔ کوئی بھی پتھر چلا کر دیکھو' کسی گیان پیٹھ انعام یافتہ یا پھر کسی بڑے آدمی کے گھر گرے گا۔

'تو۔۔۔؟'

آدمی بن جاؤ۔ اب بھی وقت ہے۔ سب تمہارے جیسے ہیں۔ بڑا پیڑ' بوڑھا ہو کر جھک جاتا ہے۔ ہر بڑے آدمی کے اندر ایک خاکساری ہوتی ہے۔ اور میاں تم تو خاکساری کو خاطر میں ہی نہیں لاتے۔

لیکن میں مغرور کہاں ہوں—؟

ہو کیسے نہیں—تنہائی کا سانپ ڈس رہا تھا۔ بال اڑ گئے۔ آنکھیں کمزور ہو گئیں۔ مگر غرور کا دامن نہیں چھوڑا۔ لکھنا چاہتے ہو نا' تو لکھو۔ اپنے ادب کو پھیلاؤ۔ اردو سے ہندی کی طرف بڑھو۔ پہلا قدم پھر اس کے بعد دوسرا قدم بڑھاؤ۔ دوسری زبانوں کی طرف۔ مگر خبر دار' غرور اور انا کا بوجھ کچھ تو کم کر دو یار۔

میں نے اپنا جائزہ لیا—دھند بڑھ گئی تھی۔ دھند میں قمقمے روشن تھے اور تیز روشنی میں' میں اپنے سہمے ہوئے ہمزاد کو پہچان سکتا تھا—

تم دوسروں سے مختلف ہو۔ مختلف ہونا برا نہیں ہے۔ بس ذرا اس خود پسندی کے نشہ سے دور نکل آؤ۔ پھر دیکھو۔ یہ ساری دنیا تمہاری ہے۔ تمہاری ہے۔

یہ سچ ہے کہ دہلی آنے کے بعد ایک نئے ذوقی کا جنم ہوا تھا۔ جو سب سے ہنستا ملتا تھا۔ مسکراتا تھا۔ جو محفلوں میں اینگری ینگ مین تو مشہور تھا لیکن جس سے ملنے والے یہ کہنے سے نہیں گھبراتے کہ یار تم سے پہلے ملتے ہوئے گھبراتا تھا۔ سوچتا تھا' کہیں تم ٹھیک سے بات نہ کرو تو۔۔۔ میں اکثر و بیشتر خود سے دریافت کرتا ہوں کہ لوگ میرے بارے میں

ایسی رائے کیوں رکھتے تھے۔ ممکن ہے 'یہ غرور' یہ انا' انہیں میری کہانیوں میں بھی دکھائی دے جاتی ہو۔ مگر سچ یہ ہے کہ میں نے خود کو بدلنا شروع کر دیا تھا اور میری اس تبدیلی میں سب سے بڑا ہاتھ تبسم کا تھا۔ تبسم' جو شاید میری زندگی میں نہ آئی ہوتی تو نہ میں یہ ادبی مہمات سر کرتا اور نہ ہی ایک اچھا انسان بننے کی کوشش کرتا۔ اور اب بھی اس یقین کے ساتھ نہیں کہہ سکتا کہ میں تبسم کے اس قول کو کس قدر پورا کر پایا ہوں — کہ پہلے تم اچھے انسان بن جاؤ۔ پھر لوگ تمہیں خود ہی پیار کرنے لگیں گے۔

دھند مجھ پر حاوی تھی۔ تنہائی آہستہ آہستہ مجھے اپنی گرفت میں لے رہی تھی۔ محبتیں مجھے خوش آمدید کہہ رہی تھیں اور زندگی کی الجھنیں میرا راستہ روک رہی تھیں۔ لیکن قلم ہر بار میرا ساتھی تھا۔ دوستوں سے بڑھ کر میرے دکھ اور سکھ میں شریک۔ پھر میں سب سے ملنے لگا۔ پھر میں سب سے بچھڑ گیا۔ کچھ سال پہلے انعمتہ میری جان' دو برس کچھ مہینے کی یادیں سونپ کر ہمیشہ کے لیے وداع کی گھاٹیوں میں کھو گئی۔ میں نے ملنا جلنا ترک کر دیا۔ پاکستان سے محمود واجد، ناصر بغدادی اور قافلے آتے رہے۔ میں فون پر گفتگو تو کر لیتا تھا مگر کسی سے بھی ملنا نہیں چاہتا تھا۔ محفلوں، سیمیناروں میں جانا چھوڑ دیا۔ پھر یوں ہوا کہ میں تنہائی کی وحشت کا اسیر ہو گیا۔ بند کمرہ مجھے پاگل کر دیتا تھا۔ لفٹ میں داخل ہونے سے گھبراتا تھا۔ پلین میں سفر نہیں کر سکتا تھا۔ ٹرین کے ایر کنڈیشنڈ ڈبے میں بند ہونے کا خوف میری جان لے لیتا تھا۔ یہ بیماری بڑھتی گئی۔ اور اس بیماری کا علاج کسی نفسیاتی معالج' کسی ڈاکٹر کے پاس نہیں تھا۔ میرے پاس اب ایک ہی راستہ بچا تھا۔ میں نے پروفیسر ایس کی تخلیق کی' اور اس کے کردار میں یہ بیماری ڈال دی۔ اس پر بھی بس نہیں ہوا تو میں نے بے رحمی سے اس کردار کو 'موت' دے دی۔ ایک گھٹن بھری موت۔

کہتے ہیں گابرئیل گارسیامارخیز اداسی کے سوسال 'لکھنے کے بعد جی بھر کر رویا تھا۔ وہ کردار اس کے اپنے کردار تھے۔ اس کے آس پاس گھومتے ہوئے لوگ اس کے ناول کے کردار بن گئے تھے۔ لیکن میں نے تو پروفیسر ایس کی عجیب داستان میں اپنا ہی قتل کر دیا تھا۔ اس قتل کے بعد مجھے سکون میسر تھا۔ تخلیقی سرشاری کا احساس بھی تھا۔ ایک بوجھ میں نے اتار دیا تھا۔ اب میں آزاد تھا۔ اب تیسرے مونولاگ کا وقت تھا۔

ادب ایک مافیابن چکا ہے؟

تو۔۔۔؟

دوہرے چہرے والے — ان میں ہر شخص اردو کو کیش کرنے میں لگا ہے۔۔۔

جنگ کا بگل بجانا ہو گا۔

اس کے لیے تمہیں سب سے لڑنا ہو گا۔ لڑ سکو گے؟

کیوں نہیں —

تحریر نو، ظہیر انصاری، اور شوکت حیات

اس سوال کا جواب اب میرے پاس تھا۔ میں لڑنا بھول گیا تھا۔ کس سے لڑوں اور کیوں —؟ میں کوئی پروفیسر نہیں تھا۔ کسی اکادمی یا یونیورسٹی میں نہیں بیٹھا تھا — ذوقی کے سامنے آکر خاموش رہنے والوں کی ایک جماعت تھی اور ایک جماعت ان لوگوں کی' جو پیٹھ پیچھے میری برائیاں کرتے تھے۔ کون ذوقی؟ بسیار نویس؟ زود حس ذوقی؟ ایک دن میں کئی کئی کہانیاں لکھنے والا؟

ظہیر انصاری صاحب، شوکت حیات ہماری اردو زبان کا لیجنڈ ہے۔ جس کے ساتھ

ہونے والی ناانصافیوں میں اس کی بے باک اور گستاخانہ بیانوں کا بھی حصہ رہا۔ اور یہی عمل میرا بھی رہا۔ یہ چند سطور اس لیے کہ شوکت نے میرا بھی ذکر کیا ہے۔۔۔ کہ میرا نام ان کے متون سے محذوف کر دیا گیا۔ صرف نام؟ ساہتیہ اکادمی سے قومی اردو کونسل اور دنیا بھر میں ہر مہینے جن لوگوں کو بلایا جاتا ہے، وہاں ذوقی کا نام نہیں ہوتا۔ یہ سچ ہے کہ میں جانا بھی نہیں چاہتا۔ میں پورے کمٹمنٹ کے ساتھ اردو میں آیا تھا لیکن آہستہ آہستہ مجھے اردو کی اس سیاست سے نفرت ہونے لگی—اور میں لینڈ اسکیپ کے گھوڑے (سنہ ۲۰۰۲) اور پروفیسر ایس کی عجیب داستان وایا سنامی (۲۰۰۳) کے بعد اردو سے اس حد تک بیزار ہو گیا کہ مکمل طور پر ہندی میں آ گیا۔ سال میں دو کہانیاں لکھنے والے کو بسیار نویس کہا گیا۔ خدا جانے ان لوگوں نے ٹیگور، دوستوفسکی، تالستائے، بالزاک وغیرہ کو کس خانے میں رکھا ہے—یا پھر شیو شنکر پلّئی جیسے ناول نگار کو جس کے ناول ہزار صفحات سے کم نہیں ہوتے۔ میں نے سنامی میں ادب مافیا پر بھی کچھ صفحے لکھے تھے اور نتیجہ یہ ہوا کہ اس ناول کا بائیکاٹ کرنے کی کوشش کی گئی۔ (عرصہ ہوا۔ ممبئی کے سکندر احمد صاحب نے خصوصی طور پر یہ ناول منگوایا تھا اور اس کی بیحد تعریف کی تھی) یہ ناول اردو ناولوں کی عام روش یا ڈگر سے مختلف تھا۔ مگر اس میں اپنے وقت کے مافیا کا ذکر تھا—اور اس ناول کو دبانے کی حتی الامکان کوشش کی گئی جو رائیگاں نہیں گئی۔

صلاح الدین پرویز—اس نام سے وابستہ ہزاروں کہانیاں ہیں۔ محسن لکھنؤ سے آئے۔ مجھے پرویز سے ملانے لے گئے اور میں پرویز کا چھوٹا بھائی بن گیا۔ ای ٹی وی اردو کے لیے پروگرام بنانے کی پیش کش میں نے ہی کی تھی—اور وہاں موجود لوگوں میں احمد صغیر (افسانہ نگار) تک سب اس بات سے واقف ہیں کہ میرے خلاف کیا کیا سازشیں رچی گئیں—لمبی کہانی ہے—اس کا ذکر آپ سنامی والی کتاب میں بھی پڑھ سکتے ہیں۔

اسی زمانے میں حیدر آباد میں، میں اپنے بڑے بھائی اور افسانہ نگار مظہر الزماں خاں سے ملا۔ مظہر الزماں خاں نے ایک انوکھا واقعہ بتایا کہ (سن یاد نہیں) بیان کو ساہتیہ اکادمی دلانے کے لیے فاروقی صاحب نے پیش کش کی تھی۔ (میں نے تعجب کا اظہار کیا تھا۔ یہ کیسے ممکن ہے۔ فاروقی نہ مجھے مانتے ہیں نہ بیان کو) مظہر الزماں خاں نے بتایا—فاروقی نے خود یہاں آکر میرے سامنے اس واقعہ کا ذکر کیا تھا مگر نارنگ صاحب اس کے لیے تیار نہ تھے۔ ایک دوسرا واقعہ دو سال قبل کا ہے۔ ایک دن الہ آباد سے نظام صدیقی صاحب کا فون آیا۔ ساہتیہ اکادمی انعام کے لیے جن دس کتابوں کا انتخاب کیا گیا ہے آپ کی کتاب سر فہرست ہے۔ آپ جلدی سے نارنگ صاحب سے مل آیئے۔ میں اس سلسلے میں نارنگ صاحب سے ملنے نہیں گیا۔ آج بھی مجھے انعام واعزاز جیسی کسی چیز پر بھروسہ نہیں۔ کس طرح انعام لیے جاتے ہیں مجھے خوب پتہ ہے۔ اور اگر انعام کے لیے میرا نام تجویز ہی کیا گیا ہے یا کسی بھی تخلیق کار کا، تو اسے ملنے ملانے کی کیا ضرورت ہے۔ یہ بات مجھے کچھ ہضم نہیں ہوئی—

ظہیر بھائی، ایسی ہزاروں کہانیاں ہیں، کن کن کا ذکر کروں۔ سات برسوں کے بعد ہندستانی اردو زبان میں واپسی کر رہا ہوں۔ اس درمیان ہندی اور پاکستان تک سمٹ گیا تھا۔ کہاں جاؤں اور کیوں جاؤں؟ لوگ کس طرح مرغ و ماہی کی دعوت کے ساتھ خود کو پروجیکٹ کر رہے ہیں، یہ بات کسی سے چھپی نہیں ہے۔ اس درمیان میں کئی ناولوں پر کام کرتا رہا۔

☆☆☆

ادبی ڈائری-2

کچھ لوگ پیدا ہوتے ہی کہانیوں میں داخل ہو جاتے ہیں۔ شاید ان میں سے ایک میں بھی تھا۔ آنکھیں کھولیں، تو دور تک کہانیوں کی چاندنی پھیلی ہوئی تھی۔ 'طلسم ہوشربا' کے کرداروں کی طرح گھر اور آس پاس سے جڑا ہر کردار جادو جگاتا، نظروں کے آگے آ کر اپنے کھیل دکھاتا، میرے لیے طرح طرح کی دلچسپیوں کے سامان مہیا کر رہا تھا۔ آپ کو بتاؤں، یہاں ڈکینس ہوتا تو وہ کتنے ہی ڈیل آف ٹو سیٹیز، پکوک پیپر، ڈگریٹ ایکس پیک ٹیشن، ہائی ٹائمس لکھ ڈالتا— گیریل گارسیامارکیز ہوتا تو وہ اپنی اُداسی کے سو سال (One hundred years of solitude) کا دوسرا حصہ لکھنے بیٹھ جاتا— کہ یہ گھر جہاں میں پیدا ہوا، سو برسوں کی اداسیوں سے بھی زیادہ پرانا تھا۔ اور ان خستہ محرابوں، شکستہ در و دیوار میں جانے کتنی ہی کہانیاں دفن تھیں۔ اب یہاں حویلی جیسا کچھ بھی نہ تھا، مگر یہ گھر 'کوٹھی' کہلاتا تھا— بڑے محراب نما دروازے پر لٹکتا ہوا پرانا ٹاٹ کا پردہ، میری کہانیاں اسی پردے کے اندر باہر جھانکتی بڑی ہوئیں:

"یہاں سے گل مہر کے پیڑ نہیں جھانکتے—

'سرو' کے پیڑوں کی قطار نظر نہیں آتی

نظر آتا ہے صرف اندھیرا / گھنے بادلوں کے درمیان کہیں چھپ گئی ہے / روشنی / زندگی تلاش کرنے والے چہروں میں / گم ہوتی جارہی ہیں / میری کہانیاں،'

بستر پر بیٹھی بیٹھی، ہاتھوں سے مکھیاں اڑاتی، مریم مریم کا ورد کرنے والی بوڑھی

دادی، امّاں۔ اپنے آپ سے زوردار آواز میں باتیں کرنے والی نانی اماں۔ جانوروں سے دوستی گانٹھنے والی، اُن سے انسانوں کے انداز میں باتیں کرنے والی فضیلن بوا، میں آہستہ آہستہ ان کرداروں میں اُتر رہا تھا۔

اس ایک گھر میں کتنے گھر آباد تھے۔ جیسے مہانگروں میں کالونیاں ہوتی ہیں۔ ان کالونیوں کے دروازے الگ الگ ہوتے ہیں۔ اور ان الگ الگ دروازوں میں اجنبیت کی نظمیں ہوتی ہیں۔

'غیریت' کی آیتیں ہوتی ہیں۔ مگر یہاں۔۔۔

کالونیوں میں، جگمگاتے ستارے نظر نہیں آتے۔

نیلگوں آسماں نظر نہیں آتا۔

کالونیوں میں ''اُوسارے'' نہیں ہوتے—آنگن نہیں ہوتا—وہ چھت بھی نہیں ہوتی، جس پر ایک پلنگڑی یا چارپائی بچھی ہوتی ہے اور چھت سے 'آنکھوں جتنے فاصلے' پر ٹمٹماتے تارے بھی نہیں ہوتے ہیں۔ وہ مانوس سی جانی پہچانی تاریکی بھی نہیں ہوتی ہے، جس میں خواب بُنتے ہیں یا بُنے جاتے ہیں—

تب پہلی بار ایک خواب 'بُنا' تھا—اسی تاروں کی بارات والے قافلے کو دیکھتے ہوئے—اُسی پلنگڑی پر لیٹے لیٹے، تاریکی میں بند آنکھوں میں، ''میدے'' کی چھوٹی چھوٹی 'لوئیوں' کی طرح کچھ خوابوں کو گوندھا تھا۔۔۔

'میں لکھنا چاہتا ہوں۔'

تم سب کو لکھنا چاہتا ہوں میں

زندگی کی چھوٹی سے چھوٹی بات کو

جو میری سوچ میں عید کی سویّوں کی طرح الجھ گئی ہیں۔۔۔'

لگا تھا، یہاں سے آنکھوں جتنے فاصلے پر، پھیلے آسمان تک میری آواز گونج گئی ہو۔۔۔

"سنو، میں لکھنا چاہتا ہوں۔۔۔

تم سب کو لکھنا چاہتا ہوں۔۔۔

میں لکھنا چاہتا ہوں کہ۔۔۔"

ستارے ٹمٹما رہے تھے۔ رات گا رہی تھی۔۔۔ ہوا گنگنا رہی تھی۔ آنگن میں تنہا امرود کا درخت تیز ہوا سے ڈول رہا تھا۔۔۔ اور وہاں۔۔۔ دور۔۔۔ فلک پر۔۔۔ تاروں کے قافلے سے ذرا الگ۔۔۔ وہ سات تارے 'بنات النعش'۔۔۔ (وہ سات ستارے جو ایک ساتھ آسمان پر شمال کی سمت میں دکھائی دیتے ہیں۔)۔۔۔ اور وہ۔۔۔ اُداس سا قطب تارا۔۔۔

میری آواز جیسے کہکشاں میں تیر گئی ہو۔۔۔

'سنو' میں لکھنا چاہتا ہوں'

تمہیں! تم سب کو لکھنا چاہتا ہوں میں۔۔۔'

چھوٹا سا شہر، آرا—

محلہ مہادیوا کی پتھریلی سڑک۔ سڑکوں سے گزرتی گاڑیاں، بیل گاڑیاں، ٹم ٹم، زیادہ تر پیدل چلتے مسافر' سائیکل سوار۔ لیکن تب، اس کی نازک سی دہلیز پر سب سے زیادہ چاہت پیدا ہوئی تھی—تو کسی ڈاکیے کے لیے۔

تب—وحشت کا گیارہواں سال تھا—

تب پہلی کہانی لکھی تھی—

تب—پہلی بار اس شہر میں سب سے زیادہ الگ ہونے کا احساس پیدا ہوا تھا۔ لیکن اس احساس نے مجھے کتنی جلد، میری اوقات بتا دی تھی۔

دوپہر دو بجے کا وقت۔ گرمی، مئی جون کا مہینہ۔ تیز چلتی ہوئی لو، سڑک جیسے آگ اُگل رہی ہے۔ اس دن چھٹی تھی۔ اس دن میں اسکول نہیں گیا تھا۔ آنکھوں میں رہ رہ کر انتظار کی گرد پڑی جارہی تھی۔۔۔

ڈاکیہ آگیا ہے۔۔۔

اور ڈاکیہ سچ مچ آگیا۔ ایک لفافہ میرے ہاتھ میں تھما گیا۔ میں رہ رہ کر' وہیں کھڑا کھڑا لفافے کو دیکھتا ہوں۔ اس میں میرا نام لکھا ہے۔۔۔ میرا نام۔۔۔ وہیں کھڑا کھڑا بار بار اپنا نام پڑھتا ہوں۔ م۔۔۔ مشر۔۔۔ رف۔۔۔ عالم۔۔۔ ذو۔۔۔ قی۔۔۔ ارے سچ مچ یہ تو میرا نام ہے۔۔۔ ارے واہ یہ خط تو میرے نام کا ہے۔۔۔ یہ کسی رسالہ سے آیا ہوا، میرے نام کا آیا ہوا پہلا خط تھا۔ رسالہ تھا۔ پیام تعلیم۔ اس وقت اس کے مدیر تھے — حسین حسان ندوی (شاید 'اگر میں نام نہیں بھول رہا ہوں)

ظاہر ہے، یہ خط میری پہلی لوٹائی گئی کہانی کے بارے میں تھا۔ چند نصیحتیں تھیں۔ اور ۔۔۔ مگر یہ خط دہلی سے آیا تھا۔ میں دہلی نہیں گیا تھا۔ مگر میری کہانی دہلی تک کا سفر طے کر کے واپس آئی تھی۔ یہ میرے لیے بڑی بات تھی۔۔۔ دلچسپ بات تھی۔۔۔

میں بار بار مڑی تڑی اپنی کہانی کو دیکھتا تھا اور کہانی کے ساتھ منسلک خط کو۔

میں ان لوگوں میں رہا ہوں، جنہوں نے کبھی نقادوں اور مدیروں کی 'پرواہ' نہیں کی۔ بچپن سے بس ایک ہی بات گانٹھ کی طرح بندھی رہ گئی تھی — سب سے بڑی چیز کرئیشن ہے — تخلیق ہے۔ جو تخلیق کرتا ہے، اس کا مرتبہ سب سے بلند ہے۔ نقاد ہوں، چاہے مبصر، تخلیق کار کے 'منصب' کی دہلیز کو کبھی نہیں چھو سکتے۔

کہانی ایک بار شایع ہوگئی تو پھر لکھنے کا حوصلہ پیدا ہوگیا۔ اُن دنوں چھٹے یا ساتویں درجہ میں تھا۔ بچوں کے جو بھی رسائل شایع ہوتے تھے، میں کہانیاں بھیجا کرتا تھا۔ اسکول

سے 'ٹفن' کے وقت میں گھر آجایا کرتا — گھر کا ایک دروازہ ایک تنگ سی، بدبودار گلی کی طرف کھلا کرتا تھا۔ یہ شارٹ کٹ تھا۔ میں اسی راستے سے ٹفن میں دوڑا دوڑا گھر آتا۔ زور زور سے دروازہ کھٹکھٹاتا۔ دروازہ کھولنے والی زیادہ تر میری بہنیں ہوتیں۔ دروازہ کھلتے ہی میں اُن آنکھوں میں ایک طنزیہ چمک دیکھتا۔

'مُنّا، تمہاری ایک کہانی واپس آئی ہے۔۔۔'

اس ذلت کو الفاظ میں بیان کرنا ممکن نہیں۔ لگتا، 'کاش' زمین پھٹ جاتی۔ سب سے زیادہ تکلیف دہ ہوتی بھیّا کے چہرے کی مسکراہٹ۔ اُن کی مسکراہٹ سے میرا آدھا خون سوکھ جاتا تھا۔ بھیا طنز 'لکھتے تھے۔ ایسا طنز جسے اردو میں 'انشائیہ' کہتے ہیں۔ تب گھر میں اُن کی برابری چارلس لیمب اور 'ہزلٹ' سے ہونے لگی تھی — دوسری جانب میں تھا۔ یعنی تیز روانی میں لکھنا اور اسی سے کہانی کا روانی واپس آنا۔

ایک دن بھیّا نے مجھے روکا: فرمایا —

'اتنی ساری کہانیاں واپس آتی ہیں۔ 'اصلاح' کیوں نہیں لیتے؟'

تب، کم عمری میں یہی ایک بات دل کو لگ گئی۔ 'اصلاح' کیوں نہیں لیتے۔ اندر کے 'انسان' نے ارادہ کر لیا — نہیں چھپوں گا۔ لیکن اصلاح نہیں لوں گا۔ (آج سوچتا ہوں، شاید یہ، میرے اسی ارادہ کا نتیجہ ہے۔ میں بغیر تھکے لکھے جا رہا ہوں۔ اور بھیّا خاموشی کی دھند میں شاید اپنی ساری تحریریں بھول چکے ہیں۔)

بات 1975 کی ہے۔ میری عمر تیرہ سال کی تھی۔ ایک دن خالہ اماں میری ننیہالی' گاؤں 'برہبترا' سے تشریف لائیں۔ وہ حیران تھیں — ایک کہانی چھپی ہے، کہکشاں میں — نام تو تمہارا ہی ہے۔'

کہکشاں بمبئی سے شایع ہونے والا ایک فلمی رسالہ تھا، جس میں ادبی کہانیاں بھی جگہ

پایا کرتی تھیں۔ کسی بھی رسالے میں شایع ہونے والا یہ میرا پہلا رومانی افسانہ تھا۔ اس کے فوراً بعد ہی ایک دوسرا رومانی افسانہ 'موڑ'، 'مورچہ'، گیا سے نکلنے والے 'ہفت روزہ' میں شایع ہوا۔

تب گیا سے کلام حیدری 'مورچہ' اخبار اور 'آہنگ' (ادبی رسالہ) نکالا کرتے تھے۔ 80 کے آس پاس میں آہنگ میں چھپنے لگا تھا۔ اس وقت کلام حیدری مرحوم اور 'آہنگ' کی حیثیت کسی دھماکے جیسی تھی۔ ہر شمارے پر ہنگامہ رہتا تھا۔ ہر شمارہ دھماکہ خیز اور بحث کا موضوع۔ گیا، آہنگ اور کلام حیدری کی گونج ادب میں چاروں طرف تھی۔ اُن دنوں کلام حیدری نوجوان لکھنے والوں پر 'آہنگ' میں خصوصی گوشہ 'شایع کر رہے تھے۔ ایک خط میرے پاس بھی آیا۔ مجھے خط کے وہ جملے آج بھی یاد ہیں —اپنی کئی چیزیں اکٹھے بھیج دیجئے، تاکہ دیکھ سکوں، آپ میں شناخت کی کیا خاص بات ہے۔"

نوجوانی کا زمانہ —'گوشے' میں شامل ہونے کا رقعہ۔ میں نے کئی طرح کے افسانے / مضمون وغیرہ 'آہنگ' کو بھجوا دیئے۔ اور یہ میری زندگی کا وہ برقی جھٹکا تھا، جسے اتنے برس گزر جانے کے بعد بھی بھول نہیں سکا۔ 'آہنگ' نے میری سب چیزیں لوٹا دی تھیں۔ ساتھ میں مختصر سا، ایک خط تھا' جس پر صرف اتنا لکھا تھا: "اتنی ساری چیزیں، اُف میں تاب نہیں لا سکتا۔"

میں حیران تھا۔ ایک لمحے کو، جیسے خط کا ہر لفظ بچھو بن گیا تھا۔ میں کسی بچھو گھاٹی میں تھا۔ لہولہان۔۔۔ اور لفظ مجھے ڈسے جا رہے تھے۔۔۔ 'اُف، میں تاب نہیں لا سکتا'۔۔۔ کیا یہ آدمی کانوں کا کچا تھا؟ کسی نے میرے خلاف کان بھرے تھے۔ کہانیاں پسند نہیں آئی تھیں تو صاف لکھ دیتا کہ پسند نہیں آئیں، مجھے کوئی شکوہ نہیں ہوتا۔ بیشک، چیزوں کو پسند ناپسند کرنے کا اختیار ہے۔

نفرت کی ایک تیز اندھی چلی تھی میرے اندر—
اور میں زندگی بھر کبھی اس شخص کو معاف نہیں کر سکا۔ مرنے کے بعد بھی نہیں
—

میں جانتا ہوں میں فرشتہ نہیں —اور میری کہانیاں انسان ہونے کے احساس سے جنم لیتی ہیں۔ پھر دیکھتے ہی دیکھتے زندگی کے کتنے ورق ہوا میں پھڑ پھڑا کر اڑ گئے—میں نے کسی کی پرواہ نہیں کی۔ وقت اور حادثے ہر بار میری کہانیوں کو ایک نیا چہرہ سونپ جاتے—اور ہر بار نئی تخلیق کے ساتھ ہی میں رائیڈر ہیگزرڈ کے شہرہ آفاق ناول 'شی' کے کردار کی طرح جیسے خود کو زیادہ جوان اور اُمنگوں بھرا محسوس کرتا— جیسے وہ ہزار برس پرانی ساحرہ دھوپ کی کرنوں سے غسل کرتی ہوئی ایک نوجوان حسین لڑکی میں تبدیل ہو جایا کرتی تھی۔

میں اپنی ہر کہانی کے ساتھ جیتا ہوں —اور جیسے کہانی لکھنے کے 'آفتابی غسل' کے ساتھ میں ہر بار ایک نیا ذوقی بن جاتا ہوں—

☆☆☆

ادبی ڈائری-3

دہلی یعنی بڑا شہر — چھوٹے سے قصباتی شہر میں رہ کر اس شہر کا تصور بھی کر پانا مشکل تھا۔۔۔ مجھے اس شہر سے بہت کچھ سیکھنے کو ملا۔ ہجرت کیا ہوتی ہے۔ اپنے گھر کا سکھ کیا ہوتا ہے۔ یہاں تو در در کی ٹھوکریں تھیں اور خالی ہاتھ تھے۔۔۔ دہلی، دل والوں کی دہلی نہیں تھی، تنگ دل لوگوں کی دہلی بن کر رہ گئی تھی۔ بے شمار خطرات، ذہنی تکالیف، پریشانیاں۔۔۔ بہت ممکن ہے میں ہار گیا ہوتا۔ مگر میں نے جو کچھ پڑھا تھا اب وہی میرے کام آرہا تھا۔ کہتے ہیں ایک زندگی وہ ہوتی ہے جسے آپ اپنے طور پر جینے کی کوشش کرتے ہیں۔۔۔ ایک زندگی وہ ہوتی ہے جو آپ کا 'مطالعہ' آپ کا وژن آپ کو سونپتا ہے۔۔۔ الیکزینڈر پُشکن، نیکولائی گوگول، فیودر دوستوفسکی، لیو تالستائے، میخائل شولوخوف، میکسم گورکی، ترگنیف۔۔۔ روسی ادب کا ذخیرہ تھا اور یہ عظیم تخلیق کار میرے لیے حوصلہ اور امیدوں کے مرکز تھے —ان سب کے یہاں زندگی سے لڑنے کی جسارت موجود تھی۔ خاص کر آرا چھوڑنے سے قبل ایک روسی مصنف کی ایک کتاب میں نے پڑھی تھی۔ بورسپولوو'کتاب کا نام تھا۔ اسٹوری آف اے رئیل مین۔۔۔ ایک فوجی جس کا پاؤں کاٹ ڈالا جاتا ہے جو اپنے 'ول پاور' سے اپنی خود اعتمادی' دوبارہ بحال کرنے میں کامیاب ہوتا ہے۔۔۔ مجھے ہیمنگ وے کے "داولڈ مین اینڈ دسی" سے محبت تھی۔۔۔ ہیمنگ وے کی کہانیوں کے کا یہ بوڑھا آدمی مجھ میں نیا جوش' نیا دم خم بھرنے کے لیے کافی تھا۔ مجھے ہینری ملر کے موبیڈک سے پیار تھا۔۔۔ وکٹر ہیوگو، کافکا، ورجینا اُلف، البیر کامو، یہ

سارے میرے اپنے تھے۔

خاص کر "لس مسریبل" کا پادری اور دپلیگ کا ڈاکٹر ری او کس میرا آئیڈیل تھا۔ ٹھیک اُسی طرح "کرائم اینڈ پنشمنٹ" کا رسکلانکوو، گورکی کی 'مدر' کا پاویل والا 'سوف' اور ترگنیف کی "دفادر اینڈ دسن" کے باپ بیٹے مجھے بے حد پیارے تھے۔۔۔ گوگل کی کتاب 'ڈیڈ سول' مجھے ذہنی عذاب میں مبتلا کرتی تھی۔ وہیں گبریل کا گارسیا مارکیز کا ادب ایک نئی سمت میں لے جانے کی تیاری کر رہا تھا۔۔۔ عجیب بات تھی کہ مجھے الکزینڈر لزنسٹین سٹین سے بھی اسی قدر محبت تھی۔ گلارگ آرکپلا گو اور کینسر وارڈ دونوں مجھے پریشان کر رہے تھے۔ نیتھینل کی داسکارلٹ لیٹر بھی مجھے پسند تھی۔ جارج آرول کی اینمل فارم اور 1984 مجھے نئی فکر سے روشناس کرا رہے تھے۔

میں سال بیلو کو بھی پڑھنا چاہتا تھا۔ ولیم گولڈنگ اور گراہم گرین کو بھی۔۔۔ اردو میں قرۃ العین حیدر کے یہاں مجھے جوائس کی جھلک ملتی تھی۔ منٹو چونکاتا تھا۔ لیکن فکری اعتبار سے زیادہ بلند نہیں لگتا تھا۔ عصمت مجھے راس نہیں آئی۔ راجندر سنگھ بیدی کی کہانیاں ہر بار زیادہ سے زیادہ قربت کا احساس دلا رہی تھی اور کرشن کی 'نثر' کسی جادو کی طرح مجھ پر سوار تھی — مجھے اردو کی داستانوں نے لبھایا تھا۔ اور مجھے لکھنا سکھایا تھا۔ مجھے پنچتنتر بھی پسند تھی اور دُمیجک ماؤنٹین' بھی — طلسم ہوشربا کا تو میں شیدائی تھا۔ دہلی کی پاگل بھیڑ بھری سڑکوں پر ہیمنگوے کا 'دا اولڈ مین سمندری' بوڑھے کی طرح مجھ پر سوار تھا — دہلی کی پریشان حال زندگی اور لڑتے رہنے کا جذبہ — 85 سے 95 تک کے درمیان میری کہانیوں پر ترقی پسندانہ رنگ غالب رہا — میں سوچتا تھا 'نثر' کو غریبی کے بدحال جسم کی طرح ہونا چاہئے۔ گلیمر لیس — اس کی زبان 'عصمت' کی کہانیوں کی طرح نہیں ہوسکتی۔ میں نے اپنا جائزہ لیا اور ایک نئی روش اپنائی۔ نئے ڈگر پر چلا۔

'بھوکا ایتھوپیا'— بچھو گھاٹی، مرگ نینی نے کہا، میں ہارا نہیں ہوں کامریڈ، ہجرت، مت روسالگ رام، فنی لینڈ، پربت، مہاندی، تحفظ، تحریکیں، کان بند ہے، جلا وطن، ہندستانی، دہشت کیوں ہے، کتنا وش، سؤر باڑی، تناؤ وغیرہ— میری کہانیاں تقسیم کے بطن سے پیدا ہوئی تھیں۔ آزادی کے پندرہ برس بعد میں پیدا ہوا تھا۔ لیکن میرے ہوش سنبھالنے تک یہ زخم تازہ تھا۔ بوڑھے بزرگ ہونٹوں پر تقسیم کا درد زندہ تھا اور کراہتا تھا— غلامی میرے لیے ایک بھیانک تصور تھا، اور آزادی کے بعد کے فسادات میرے نزدیک انتہائی بے رحم، خوں بھری سوغات کی طرح تھے۔

میں اپنی زمین نہیں چھوڑ سکتا تھا—

میں مسائل کو نظر انداز کر کے، قلم نہیں اٹھا سکتا تھا۔

فساد— ہندو مسلمان، اردو اور پاکستان میں کئی چیزیں ملتی جلتی تھیں — مجھے ڈر لگتا تھا۔ جب خوف کی چنگاریاں بند کمرے میں سہما سہما میرا چہرہ دکھایا کرتی تھی۔ میں سوچتا تھا، کیوں ہوتا ہے ایسا—

گاندھی جی کا قتل ہوتا ہے مسلمان اپنے اپنے گھروں میں چھپ جاتے ہیں— کسی مسلمان نے مارا ہو تو؟

خدانا خواستہ قاتل کوئی مسلمان ہوا تو؟

اندرا گاندھی کا قتل ہوتا ہے، مسلمان اپنے اپنے گھروں میں چھپ جاتے ہیں۔

راجیو گاندھی کی ہتیا ہوتی ہے، مسلمان اپنے اپنے گھروں میں چھپ جاتے ہیں۔

کیوں؟ کیوں؟

میں ترقی پسندی کے راستے اس لیے چلا کہ میں ان سوالوں سے بچ بچ کر نہیں گزر سکتا تھا— میرے اندر کا تخلیق کار ان سوالوں کو نظر انداز نہیں کر سکتا تھا۔

ایسے بہت سارے سوالوں کو تلاش کرتے ہوئے میں ایک نئے کردار سے ٹکرایا— غلام بخش۔ اس کردار کو کہانی میں ڈھالتے ہوئے مجھے میرے سارے سوالوں کے جواب مل گئے تھے۔

غلام بخش کو میں نے جان بوجھ کر ٹوبہ ٹیک سنگھ کے نام سے منسوب کیا۔ غلام بخش محض ہندستانی مسلمانوں کے درد سے گزرنے والی کہانی نہیں تھی۔ کیونکہ اس طرح کی کہانیاں ایک دو نہیں بلکہ پچاس سے زیادہ لکھ چکا تھا۔ وہی شک کی فضا۔ وہی ہر بار اسکول سے لے کر عام زندگی میں ہونے والا سلوک۔ وہی جن سنگھ، بی جے پی اور آر ایس ایس۔ اب مسلمانوں کی جانب سے ہونے والے ایک سنسنی خیز اعلان کی ضرورت تھی۔ اور میں نے غلام بخش کے کردار کے حوالے سے یہ اعلان کرتے ہوئے کوئی ہچک محسوس نہیں کی۔

"مرا بھی کمبخت تو اپنے اُسی باپ دادا والے گھر میں۔"

یہ اپنے 'ہندستانی' ہونے کا اعلان تھا۔ میں نے ادب میں کرداروں کو جیا ہے۔ کردار میرے نزدیک ہوا میں لٹکے ہوئے نہیں ہیں۔ میں انہیں ڈرائنگ روم میں بیٹھ کر لکھنے کی حد تک گوارا نہیں کر سکتا—ان کی موت پر سو سو آنسو بھی بہاتا ہوں۔ سب سے پہلے علام بخش کا تذکرہ کرتا ہوں—یہ کردار میرے ذہن میں کیسے آیا۔

بہت ممکن ہے آپ اُسے بار بار بھی دیکھتے تب بھی کوئی خاص بات اس میں آپ کو نظر نہیں آتی۔ لیکن پہلی بار ہی علام بخش مجھے اپنی جانب کھینچنے میں کامیاب رہا تھا۔

مجھے اچھی طرح یاد ہے ہلکی ہلکی سردیاں پڑنی شروع ہوئی تھیں۔ 1986 کا زمانہ رہا ہوگا۔ نومبر یا دسمبر کا مہینہ۔ میرے بدن پر ایک پرانا کوٹ تھا۔ پرانے کوٹ میں کتنی ہی

پرانی یادیں بسی تھیں۔ تیز تیز چلتے ہوئے کوٹ کے دونوں حصے جھولنے لگے تھے۔ آصف علی روڈ پر اسٹار پاکٹ بکس کا دفتر تھا۔ میرے ہاتھوں میں ناول کا مسودہ تھا۔ دروازہ پار کرتے ہی کوٹ کا ایک حصہ دروازے کی کنڈی میں پھنس گیا۔ جلد بازی میں نکلنے کی کوشش میں، میں ایک شخص سے جا ٹکرایا— مگر یہ کیا— وہ شخص اپنی دھن میں مست تھا۔ نہ اس نے میری جانب دیکھا۔ نہ ہنسا، نہ غصہ ہوا، وہ بس کچھ بڑبڑاتا ہوا مسکرائے جارہا تھا۔

"پاگل ہے"—

میں نے دل میں سوچا۔ دوبارہ اس کی جانب دیکھا۔ مگر اسے کسی کی پرواہ نہیں تھی۔ ویسے ہی بڑبڑائے جارہا تھا۔ بڑبڑاتا ہوا کبھی کبھی ہنسنے بھی لگتا۔ اسے اس بات کا احساس بھی نہیں تھا کہ کوئی اسے بغور دیکھ رہا ہے— بیچارا غلام بخش— لیکن یہ نام تو میری ایجاد تھی۔

مجھے پتہ بھی نہیں چلا۔ وہ ایک دم سے اچانک میرے سامنے آکر کھڑا ہو گیا تھا— 'مجھے لکھو۔ تمہیں مجھے لکھنا ہی ہو گا۔"

مجھے کچھ چیزیں پاگل کر دیتی ہیں۔ کبھی کوئی البیلا سا قصہ۔ کوئی دلچسپ سی کہانی اور شاید ہمیشہ سے ہی ایسا ہوتا آیا ہے کہ کوئی کردار آلتی پالتی مار کر میرے سامنے بیٹھ جاتا ہے— 'مجھے لکھو—'

مجھے ان لوگوں پر رشک آتا ہے جو صرف نئے نئے کردار ہی نہیں گڑھتے، بلکہ اپنے کرداروں کے بارے میں اسی طرح کی باتیں کرتے ہیں۔ جیسے یہ محض فرضی یا تصوراتی کردار نہ ہوں، بلکہ چلتے پھرتے آدمی ہوں۔۔۔ زندہ مخلوق ہوں۔۔۔ ابھی کچھ دنوں پہلے

میں فزیگرینس آف گوارا' پڑھ رہا تھا۔ مارجیز نے اس کتاب میں اپنی کہانیوں اور کرداروں سے متعلق ایسی ایسی باتیں کی ہیں، کہ اس پر رشک کرنے کو جی چاہتا ہے۔ بہت چھوٹی چھوٹی سی چیزیں 'واقعات — مثلاً گھر کا کوئی شخص کہانی کا کردار کیسے بنا۔ وہ اس کردار میں فٹ نہیں ہو رہا تھا مگر کردار کے لیے اسی کا سراپا، اور تیور کی ضرورت تھی۔ پھر یہ کیسے ممکن ہوا۔ آس پاس گھومتا ہوا کوئی آدمی، رشتے دار عزیز، دوست ایکدم سے کہانی کا کردار نہیں بن جاتا۔ ہاں کبھی کبھی وہ یوں بھی کہانی میں سما جاتا ہے کہ کہانی کا ہی ایک حصہ لگنے لگتا ہے۔ کبھی کبھی محض ایک کردار کو تین چار کرداروں سے بھڑانا پڑتا ہے — تب جا کر ایک دلچسپ کردار کھڑا ہو پاتا ہے۔

'ذبح' کا عبدل سقّہ ہو، یا 'بیان' کا بال مکند شرما جوش، میں ہارا نہیں ہوں کامریڈ، کا ونے بہاری ہو — سپنے دیکھنے والا 'مسیتا' ہو — یا جن سنگھی خاندان میں پیدا ہونے والی مرگ نینی — میں ہر بار اپنے کرداروں کے ساتھ رہا ہوں۔ جیا ہوں اور مرا ہوں —

میں ہر بار اپنی روح میں جاگتا ہوں۔ میرے کردار میرے سامنے آتے ہیں تو جیسے اچانک خدا یا خالق بن جاتا ہوں۔ اب جان گیا ہوں وہ سب میرے کردار ہوتے ہیں۔ اس لیے کسی کسی کی بد نصیبی پر افسوس تو آتا ہے، لیکن خدا یا خالق تو 'گجرات' کی بد نصیبی پر بھی آنکھیں بند رکھتا ہے — کرداروں کے لیے دوڑتا تو ہوں مگر ان کے لیے میرا رویہ عام طور پر اُداسی سے بھرا ہوتا ہے — کہ جیسے یہ تو ہونا ہی تھا — اس کردار کو تو مرنا ہی تھا —'

☆☆☆

ادبی ڈائری۔4

ادب مافیا

اقتدار مافیا اور ادبی مافیا— ادب ہو یا صحافت کا میدان، جہاں بھی دیکھیے، مافیا کا ذکر سرخیوں میں موجود ہے۔ پاکستان کے تازہ رسائل کا جائزہ لیں تو مافیا کی خبروں سے صحافتی اور ادبی تحریریں بھری پڑی ہیں۔ نئی صدی کی شروعات نے مافیا کو اقتدار اور ادب کے حوالہ سے نئے انداز سے جوڑنے کی کوشش کی ہے، یعنی اب پاکستان میں بھی صاف صاف کہا جانے لگا ہے— مافیا قبول نہیں۔ خواہ وہ اقتدار مافیا ہو یا ادب مافیا—

بادبان، مدیر ناصر بغدادی شمارہ ۷ کافی تاخیر سے منظر عام پر آیا ہے۔ بادبان اپنے تلخ و تند اداریہ کے لیے مشہور ہے۔ ناصر بغدادی نے کچھ عرصہ پہلے پاکستان کے ادبی مافیا کی خبر لی تھی۔

ناصر بغدادی لکھتے ہیں:

" یہ بات تشکیک سے بالاتر ہے کہ "پچھلے ۴۵۔ ۴۰ برسوں میں پاکستان کی برسر اقتدار حکومتوں نے اپنے جن پسندیدہ ادبا و شعرا کو ادبی کارگزاریوں کی بنیاد پر بے تحاشہ نوازا ہے، ان سے ایک بڑی اکثریت کو اہل قلم کہنا بھی ادب اور ادبی اقدار کے ساتھ مذاق کرنے کے مترادف ہے۔ اگر ہمارے قارئین اس عرصے میں ادبی ایوارڈ اور

ادبی کتابوں کو ملنے والی انعامات کی فہرست کا بغور جائزہ لیں تو انہیں خود معلوم ہو جائے گا کہ ہمارا موقف مبنی بر صداقت ہے۔ حقیقت ہے کہ سرکاری ادبی اداروں پر قابض مافیائی کرداروں نے کبھی بھول کر بھی اپنے قابل تعظیم تخلیق کاروں اور تحقیق نگاروں کی عہد ساز علمی و ادبی خدمات کا تذکرہ نہیں کیا اور نہ انہیں ان کی زندگی میں یا بعد از مرگ میرٹ کی بنیاد پر ادبی اور قومی انعام کا مستحق تسلیم کیا۔"

انعام واکرام اور ادبی ایوارڈ کا جو رویہ کم و بیش ہمارے یہاں ہے، وہی رویہ پاکستان میں بھی ہے۔ نئی الفی کا پہلا سورج طلوع ہوتے ہی جیسے ہمارے احتجاج کو زبان مل گئی۔ پاکستان میں رسائل و جرائد کے حوالے سے جو ترقی یافتہ ادب اب تحریر ہو رہا ہے، پہلے کبھی سامنے نہیں آیا۔ سامنے کی مثال لیں تو پاکستان کے سیاسی ادبی ماحول پر جس طرح کے دھماکے اشرف شاد نے کیے ایسے دھماکے اس سے قبل سنے نہیں گیے تھے۔ اشرف شاد کے دونوں ناول بے وطن اور وزیر اعظم پاکستان مافیائی کرداروں پر نہ صرف زبردست چوٹ ہیں، بلکہ یہ ناول اقتدار مافیا کو جس انداز سے بے نقاب کرتا ہے، اس انداز سے تو الگزنڈر سولنسٹیسن نے کینسر وارڈ اور گلاگ آرکیپلاگو بھی نہیں لکھی تھی۔

"سچ پوچھوں تو مجھے ایمان علی کا وزیر اعظم بننا پسند نہیں ہے۔ اس کے پاؤں زمین سے اٹھ کر ایک دم آسمان پر چلے جائیں گے۔ اسے اپنے قدم کچھ دن اور زمین پر رکھنے تھے۔"

"اس ملک کے پاس اتنا وقت نہیں ہے۔ آپریشن آج ہونا ہے۔ زیادہ دیر کی گئی تو مریض نہیں بچے گا۔"

آپریشن ؟ کیسا آپریشن۔ مریض کون؟ مریض یعنی پاکستان۔ پاکستان کو زندہ رہنا ہے تو اسے فوجی حکومت اور آمریت کے چنگل سے باہر نکل کر جمہوریت پسند ہوا کے

خوشگوار جھونکوں کا استقبال کرنا ہو گا۔

دیکھا جائے تو زیادہ تر پاکستانی رسائل میں اس نئی روشنی کی چمک کو محسوس کیا جا سکتا ہے۔ سخنور'بادبان'نظیر'آفرینش'روشنائی'ادب عالیہ'آئندہ—مافیا سے خوفزدہ لوگ، جنگلوں سے باہر نکل آئے ہیں۔ اب خوفزدہ علائم، کہانیوں میں راہ نہیں پا رہے ہیں— بوجھل سہمی تحریروں کا دور چلا گیا۔ مافیا ہے تو اسے تسلیم کرنا ہے۔ قبول نہیں کرنا ہے بلکہ اس کے خلاف جنگ کرنی ہے۔ اخبارات اور نیوز میگزین سے لے کر پاکستانی ادبی رسائل تک آج اس جنگ میں ایک ہو کر اپنی آواز بلند کر رہے ہیں—یعنی دکھائے تو پہلی بار اپنی موجودگی ثابت کرنے کے لیے ادیبوں کی اتنی بڑی جماعت ایک ساتھ کھل کر سامنے آئی ہے۔

آئندہ شمارہ ۲۲۔۲۱ میں محمود واجد اسی موجودگی کا اعلان کرتے ہوئے پوچھتے ہیں:
"ہم تھے، سے زیادہ اہم سوال ہے ہم ہیں!"
"ہم ہوں گے کو نظر انداز کیجئے تو بھی ہمارا ہونا ہمارے احساس کی بنیادی شرط ہے۔ موسم کیسے بدلے گا۔ آنسو کیسے رکیں گے۔"

یہی سوال روشنائی کے تازہ شمارہ (گوشہ اختر پیامی) میں بھی موجود ہے۔ حقیقتاً معاملہ اپنی موجودگی ثابت کرنے کے بعد شروع ہوتا ہے—مافیا سے اکیلے کیسے لڑیں گے؟ کیا ہم میں حوصلہ کی کمی ہے یا ساتھ دینے والے مافیا کا حصہ بن گئے تو—نئی صدی میں سانس لینے والوں کا قصور ہے کہ انہیں سہنا بھی ہے اور زندہ بھی رہنا ہے۔ اہل قلم کا قصور یا مجبوری بھی یہی ہے۔ لکھنا بھی ہے اور بچوں کے آسمان کا خیال بھی رکھنا ہے— نتیجہ کچھ لوگ اقتدار مافیا یا ادبی مافیا کا ایک حصہ بن جاتے ہیں اور کچھ مافیا سے جنگ کے لیے سامنے آ جاتے ہیں۔

"تخلیق کار اور فنکار کو معاشرے کا ضمیر کہا جاتا ہے۔ مگر ان کی ساری خوبیاں خود مرکزیت اور خود پسندی کا شکار ہو کر رہ گئی ہیں۔ زندگی ہی میں سارے انعام و اکرام تمغہ ومغہ بزعم خود اپنے منصب اور سستی ناموری کے بل بوتے پر تعلقات استعمال کر کے حاصل کرنے کی ایک دوڑ لگی ہوئی ہے۔ زندہ مثالوں اور عینی شواہد نے ثابت کر دیا ہے کہ مرنے کے بعد ایسے لوگوں کو چار کندھے بھی مشکل سے نصیب ہوتے ہیں۔"

(روشنائی، جولائی تا ستمبر ۲۰۰۱)

ہم سب کچھ جانتے ہیں۔ لکھنے کا حوصلہ بھی رکھتے ہیں۔ مرنے کا ہنر بھی جانتے ہیں۔ سچ کہتے ہوئے، ہم ہر طرح کے خوف سے بری ہیں تو پھر —سیاست سے لے کر ادب کی رہگزر تک مافیا کی یہ حکومت کیوں ہے—

تسطیر، شمارہ ۶۱۔ ۵۱ میں مشہور شاعر نصیر احمد ناصر لکھتے ہیں:

"یہ تاریخ کا جبر ہے کہ مغرب کی استحصالی اور نو آبادیاتی سوچ نے دیگر اقوام عالم کو ان کے اپنے ادبی و فکری سرچشموں سے نہ صرف دور کر دیا ہے بلکہ ان سرچشموں کے دہان ہی بند کر دیے ہیں۔ نتیجہ —ساری صورت حال کا سب سے افسوس ناک پہلو ہے کہ ہماری جامعات اور ادبی اکادمیاں سمت نمائی کا فریضہ انجام دینے کے بجائے علمی و ادبی فرسودگیوں اور شخصی وسیاسی مفادات کی آماجگاہ بنی ہوئی ہیں۔"

حقیقتاً تاریخ کے جبر کے ساتھ ساتھ نو آبادیاتی سوچ نے بھی ہمارے ادب کو متاثر کیا ہے۔ فاصلے بڑھے ہیں۔ فکری اعتبار سے اپنے جینے کی ضرورتوں کا دھیان دیتے ہوئے ہم آہستہ آہستہ Consumer World کا حصہ بن گئے ہیں۔ بازار، ہماری تمام تر فکر کا جزو خاص بن چکی ہے۔ سیاست کی بساط سے لے کر ادب کی سنگلاخ چٹانوں تک اسی بازار کی گونج ہے۔ نتیجہ بازار سے وابستہ ادیب آج اپنے Projection کے لیے خود سامنے

آتے ہوئے مافیا کا خاموشی سے ایک حصہ بن جاتا ہے اور سب کچھ اتنا اچانک ہوتا ہے کہ اسے خود بھی احساس نہیں ہوتا کہ وہ مافیا کا حصہ بن چکا ہے۔

صورت حال بھیانک ہے۔ صورت حال یہ ہے کہ آج کا اردو ادب (کم و بیش ہم اپنی ہی زبان کی بات کریں تو بہتر ہے) اس Explosion.point پر پہنچ چکا ہے، جہاں کسی وقت بھی اس زبان یا ادب کے چیتھڑے اڑ سکتے ہیں۔ ادب کا ایک مضبوط رشتہ سیاست سے جڑ چکا ہے۔ سیاست داں سے خود کو قریب رکھنے کے کئی فائدے ہیں۔ جامعات اور اکادمیوں میں جگہ پانا، وزیر کے حکم پر انعام و اعزاز سے نوازا جانا۔ ایوارڈ کمیٹیوں میں داخلہ پانا۔ اپنی من مانی کرنا۔ اپنے لوگوں پر احسان کرنا۔

☆ آپ کہہ سکتے ہیں۔ یہ سب تو برسوں سے چل رہا ہے؟

☆ آپ کہہ سکتے ہیں۔ ایسا کس زبان میں نہیں ہو رہا ہے؟

☆ آپ کہہ سکتے ہیں۔ ان سب سے ادب متاثر نہیں ہوتا۔

غلط آدمی کو انعام و اعزاز سے نوازے جانے کا مطلب ہے: ایک گندی رسم قائم کرنا — غلطی کو ہوا دینا۔ مستقبل کے لیے نئی اور شرمناک رسم کے راستے کھولنا۔ آپ آگے آیئے — جو غلط ہے، اس کے خلاف آواز بلند کیجئے۔ یہ مت دیکھیے کہ ایسا کس زبان میں ہو رہا ہے اور کس زبان میں نہیں۔

غلط بات، برداشت نہیں کرنے کی رسم کو آگے بڑھایئے۔

اس کے علاوہ بھی کئی ایسی ضرورتیں ہیں جن کی نشاندہی کرنا میں اپنا فرض سمجھتا ہوں۔

l جو غلط ہے، وہ غلط ہے۔ غلط کے خلاف آواز اٹھانے میں ہم پیچھے نہیں ہٹیں گے۔

l غلط کو غلط، برا کو برا اور سڑا ہوا (Rotten) کو سڑا ہوا کہنے کے لیے ہمیں کسی گواہ یا

دوسرے آدمی کی ضرورت نہیں ہے۔

1اقتدار مافیا اور ادب کی یہی صورت حال ہمارے یہاں بھی ہے۔ ہمارے یہاں کے بڑے بڑے ادبی اوارڈز پر بھی ایسے ہی مافیاؤں کی حکومت ہے۔ کیا ان مافیاؤں کو بے نقاب کرنے کے لیے ہم سامنے نہیں آئیں گے۔

1بکا ہوا آدمی۔ بکا ہوا ادب اور بکی ہوئی تنقید۔ ہارے ہوئے آدمی کے کنفیشن سے آگے نکل کر ہم سچ کہنے کا حوصلہ کب پیدا کریں گے۔

یاد رکھیے۔ پاکستانی رسائل اور پاکستانی ادیب مافیا کا جال کترنے کی تحریک میں آگے آچکے ہیں۔

کیا آپ صرف اور صرف اتنا بتانے کی تکلیف کریں گے کہ ہمارے یہاں مافیا کون ہے ؟ا

اس ادبی گینگ کو خوراک کس نے پہنچائی —؟ طاقت کس نے دی؟

آپ پہلا کام کریں۔ خاموشی سے سب سے پہلے صرف اپنے اندر اس نام کو تلاش کریں۔ خاموشی سے اندر تلاش کیا گیا وہ نام یقیناً آپ کو ایک دن چیخنے پر مجبور کرے گا۔

ہم یقیناً اس دن کے منتظر ہیں جب آپ خود سامنے آکر کہیں گے۔

"ارے۔۔۔ ملزم، کی نشاندہی تو بہت پہلے ہو جانی تھی۔"

ادب مافیا——(۲)

ہم ادب کو

بازار نہیں بنائیں گے

سچ بولیں گے
سچ لکھیں گے
ہم اس سے جنگ لڑیں گے
جو ہمیں کسی بھی قیمت پر بازار میں /
بیچنے کے لیے کھڑا ہے۔
☆☆

وہ مدتوں سے بازار میں کھڑا ہے
وہ مدتوں سے سودا کر تار ہا ہے
ادب اور
سیاست کا ——
دراصل وہ دونوں کو ایک دوسرے میں خلط ملط کر کے
بیچتا رہا ہے
وہ ایوانوں میں سجانے کے کام آتا ہے
اور سیاسی بازیگر اسے —— سیڑھی کے طور پر
استعمال کرتے ہیں
پھر وہ آقاؤں کے حکم پر
ادب کے ہتھیاروں کو کند کرتے ہوئے
اپنے مہرے سجاتا ہے
اور ایوانوں میں ٹکے کے بھاؤ بیچ آتا ہے۔

ہم سچ بولیں گے
کہ ضمیر فروشی اگر جرم ہے
تو مصلحت پسندی اس سے بھی بڑا جرم
ادبی عیاشی کے لیے
مصلحت کے طور پر
اپنے آپ کا سودا کرتے ہوئے
ہم اپنے لیے انتخاب نہیں کریں گے
کسی خیمے کا
☆☆

ہم ادب لکھیں گے
اور ہم سچ بولیں گے
کہ ادیب جب مصلحت پسندی کے تخم بونے کی کوشش کرتا ہے
تو ادب مر جاتا ہے۔

(۲)

"کتاب میں دیے گئے انتساب کی مختلف قسمیں ہوتی ہیں۔ ایک قسم کا تعلق زندگی کے معیار کو بلند کرنا بھی ہے۔ یعنی ایسے انتسابات نوکری دلاتے ہیں۔ ترقی دلاتے ہیں اور کتاب کو نصاب میں شامل کراتے ہیں۔"

ہری شنکر پارسائی
(ہندی کے مشہور مزاح نگار)

(۳)

کیا آپ ادب تخلیق کرتے ہیں؟

کیا آپ اپنے جینوئن ہونے کی قسمیں کھا سکتے ہیں؟

کیا آپ اپنے Projection کے لیے سامنے آنا پسند کریں گے؟

کیا آپ نے چوٹی کے ایسا مافیا نقادوں سے ملنا جلنا شروع کیا ہے جو انعامات تقسیم کرتے ہیں؟

کیا آپ نے اس بات پر کبھی احتجاج کیا ہے کہ ایک غلط آدمی انعام و اکرام کا (اچانک) مستحق کیسے قرار دے دیا جاتا ہے۔؟

کیا آپ نے کبھی اپنے تھکے ہوئے ادیب کا جائزہ لیا ہے جس نے اندر ہی اندر ایک 'گھٹی' ہوئی سانس چھوڑ کر کہا ہو—— یہ کیا بے ایمانی ہو رہی ہے۔ انعام تو اسے بھی ملنا چاہیے تھا۔

—وہ پہلا دن جب ہم اور آپ کسی تبصرے کے پل سے سے گزرتے ہوئے رومانی ہو جاتے ہیں۔

'دوست ہے'—ایک تبصرہ میں کیا جاتا ہے یار۔

'تعریف کر دو۔ خوش ہو جائے گا۔'

ٹھہریے۔ غلطی یہیں ہوتی ہے۔ ایسا ہم سب کر چکے ہوتے ہیں۔ ایسا پہلی بار ہوتا

ہے۔ پھر یہ سلسلہ چل نکلتا ہے۔ پھر ضمیر مردہ ہو جاتا ہے۔ پھر ہم صرف بڑی بڑی باتیں کہنے کے لیے زندہ رہ جاتے ہیں۔

یا پھر اپنا فرسٹریشن نکالنے کے لیے

اور حقیقت یہ ہے کہ ساتویں آسمان کے مسند پر بیٹھا ہوا نقاد بھی اسی طرح ایک ایک سیڑھیاں چڑھتا ہوا بھول جاتا ہے۔

کہ غلط کیا ہے۔

جائز ناجائز کیا ہے؟

پہلے سے دوسرے، دوسرے سے تیسرے اور ساتویں آسمان تک پہنچنے تک وہ اپنی عصمت اور غیرت بیچ کر ایک معمولی ساہوکار بن کر رہ جاتا ہے۔

وہ کسی انڈیا انٹر نیشنل سینٹر میں چار لوگوں کو جمع کرتا ہے اور ہنسی مذاق میں انعام و اعزاز جیسی اہم خبر ایک گھٹیا سیاچٹکلہ بن کر رہ جاتی ہے۔

لیکن ٹھہریے۔۔۔۔۔۔

ساتویں آسمان تک کی سیر کرنے میں اس نقاد نے ستر برس گزارے ہیں اور آپ—

تبصرے کی پہلی سیڑھی پر مصلحت پسندی کی اینٹ رکھتے ہوئے آپ بھی وہی کرنے جا رہے ہیں۔

یعنی آپ جب وہاں پہنچیں گے ساتویں آسمان پر—

انڈیا انٹر نیشنل سینٹر کی حسین عمارت کی کرسیوں میں بیٹھے ہوئے یقیناً آپ بھی وہی کچھ کر رہے ہوں گے جیسا اردو ادب میں مدتوں سے چلتا رہا ہے۔

ادب میں مافیا سے ایک مکالمہ

☆ کیا آپ نے اس انجام کے بارے میں غور کیا ہے؟

☆ آپ کے آنکھیں موند لینے کے بعد—؟

☆ نئی نسل 'ادب فروشی' کے طور پر آپ کو یاد کرے گی اور گالیاں دے گی۔ ماضی کے ادبی مجرے سے وہ آپ کا تجزیہ ایک طوائف سے کرے گی اور پوچھے گی۔

حضور غیرت تو کبھی کبھی طوائف کے اندر بھی جاگ جاتی ہے اور آپ؟

☆ کیا سچ مچ دن رات کے کسی تنہا گوشہ میں آپ کے اندر کا مرد نہیں جاگتا۔؟

جو آپ سے یہ پوچھنے کی ہمت رکھتا ہو——کہ ادب کے کھیت میں جرم کی فصلیں بوتے ہوئے آپ ماحول کو زہر آلودہ کر رہے ہیں۔ یا تو ادب کی سیاست سے ہونے والے نقصانات کا آپ کو اندازہ نہیں یا پھر——آپ کا تعلق کسی ایسے سازشی گروہ سے ہے جو اردو میں 'بینکوں' کی تعداد میں اضافہ دیکھنے کا خواہشمند ہے۔

ایک دن سب کو مرنا ہے—ہاں کچھ لوگ اپنے کارناموں کی وجہ سے اچھے ناموں سے یاد کیا جانا پسند کرتے ہیں۔ آپ مر جائیں گے۔ لوگ آپ کو زیادہ سے زیادہ ادب فروش کے نام سے یاد کریں گے اور تب—اس گندے آئینہ کی دھول میں آپ کے اچھے کارنامے اور کتابیں بھی فراموش کر دی جائیں گی—

ایک بار صرف ایک بار—تنہائی میں خاموشی کی صلیب پر لٹکتے ہوئے آپ اپنا تجزیہ تو کیجئے۔

محترم نقاد—

کبھی کبھی دل کی جگہ دماغ کی بھی سن لیا کیجئے۔

تنہائی، آپ اور ادب مافیا؟

تنہائی اور خاموشی کی صلیب پر صرف نقاد کو نہیں جھولنا ہے۔

محاسبہ آپ کو بھی کرنا ہے۔

چلیے، دوستوں میں، محفلوں میں، سیمیناروں میں یقیناً آپ اس بات کا اعتراف نہیں کر سکتے۔

کہ وہ ادب فروش کون ہے۔

جو جلی روٹیاں پکاتا ہے اور گندے انعام دلاتا ہے۔

چلیے، بقول ہری شنکر بارسائی، آپ ایسا کچھ بھی نہیں کر سکتے کہ آپ (کہیں، خدا نخواستہ)'انعامات'کی دعوت میں شریک ہونے سے محروم کر دیے جائیں۔

اور آپ کے جمعہ جمعہ چار دن کے ادیب دوست اعزازیہ تمغہ پر پھول چڑھاتے ہوئے نقاد کا قصیدہ پڑھنا شروع کر دیں۔

لیکن— جان لیوا تنہائی اور خاموشی میں، تو آپ اپنے محاسبہ کے پل سراط سے گزر سکتے ہیں۔؟

آپ ایک بار— خود سے پوچھ کر دیکھیے۔

آپ کو کوئی اعلان نہیں کرنا ہے۔ کسی مجلس، محفل میں گفتگو نہیں کرنی ہے کہ دیواروں کے بھی کان ہوتے ہیں۔

آپ کو خود سے دریافت کرنا ہے، وہ بھی تنہائی میں— بس

کہ وہ ادب مافیا کون ہے؟

وہ ادب فروش کون ہے؟

—کیا آپ اکیلے پن میں دیے گئے اپنے جواب سے خود کو خوش کر سکتے ہیں؟

برسوں پہلے پڑھی ہوئی ایک کہانی اور آپ

اڑیہ یا بنگالی زبان میں برسوں پہلے میں نے ایک کہانی پڑھی تھی۔ "راجیش صحافت کی دنیا میں کچھ کر گزرنے کا خواہشمند تھا۔ اس کا جنون اسے ایک مشہور روزنامہ سے منسلک کر دیتا ہے۔ پہلے فیلڈ ورک کے طور پر اسے ایک ایسے علاقہ میں بھیجا جاتا ہے، جہاں سیلاب کی وجہ سے کافی تباہی مچی تھی۔ اس علاقے میں منسٹر صاحب آنے والے تھے اور منسٹر صاحب کی تقریر اخبار کی سرخی بننے والی تھی۔

جس ہوٹل میں راجیش ٹھہرتا ہے وہاں 'چوٹی' کے کئی دوسرے صحافی بھی ہوتے ہیں۔ منسٹر صاحب جس دن آنے والے تھے، اس دن بارش ہو جاتی ہے۔ راجیش منسٹر صاحب کی تقریر قلم بند کرنے کے لیے مقررہ جگہ جانا چاہتا ہے تو باقی صحافی اس کا مذاق اڑاتے ہیں کہ جانے کی کیا ضرورت ہے۔ منسٹر صاحب جو تقریر کریں گے، انہیں پہلے سے علم ہے۔

راجیش کے اندر کا ایماندار، صحافی زور مارتا ہے۔ وہ مقررہ جگہ پہنچتا ہے تو پتہ چلتا ہے بارش کی وجہ سے منسٹر صاحب کا آنا ملتوی ہو چکا ہے۔ راجیش واپس آتا ہے، تب تک باقی صحافی منسٹر صاحب کی آمد، ان کی تقریر اور ان کے استقبال کی تیاریوں کی رپورٹ بڑھا چڑھا کر بھیج چکے ہوتے ہیں۔

اور یہ کہانی کا ٹرننگ پوائنٹ ہے۔

صرف راجیش کے اخبار میں چھپتا ہے کہ منسٹر صاحب بارش کی وجہ سے تشریف نہیں لا سکے۔

باقی اخبارات میں منسٹر صاحب کی خوبصورت تقریر سرخیوں میں ہوتی ہے جس پر منسٹر صاحب بھی نہیں پہنچنے کے باوجود خوشی کا اظہار کرتے ہیں۔

ایمانداری کا تمغہ راجیش کو ملتا ہے، اسے برطرف کر دیا جاتا ہے۔

آخر کار
سچ وہی ہو گا جسے نقاد کہیں گے۔ لکھیں گے۔
آپ کو ایمانداری کا تمغہ ملے گا۔ آپ فراموش کر دیے جائیں گے۔ باقی نقاد اسی کا ڈھول پیٹیں گے، جیسا وہ ادب مافیا اپنی تحریروں میں کہہ چکا ہو گا—
"اس کے بعد برسوں تک وہی نام دہرائے جائیں گے، جن ناموں کی فہرست اس نقاد نے بنائی ہو گی۔
اور یقیناً اس میں آپ کا نام شامل نہیں ہو گا۔

کیا ان سب باتوں کو ماننے کے باوجود آپ خاموش رہیں گے۔
اب خاموش رہنے کا وقت نہیں۔
ادب مافیا کے لیے احتجاج بلند کرنے کا وقت آ گیا ہے۔
کیا اب بھی آپ چپی سادھے رہیں گے؟
تو یقین جانیے۔
ادب کے مجرم آپ بھی ٹھہرائے جائیں گے۔

★★★

اردو کی خواتین باغی افسانہ نگار

"اور بالآخر وہ ایک دن

اپنے مذہب کے خلاف چھیڑیں گی جہاد /

جس مذہب نے قید کر دیا تھا اُنہیں

ایک بند، گھٹن اور حبس سے بھرے

اندھیرے کمرے میں /

___ صمد یز دانی (سندھی شاعر)

نافرمانی یعنی بغاوت کی طرف پہلا قدم

'مسلمان عورت' ___ نام آتے ہی گھر کی چہار دیواری میں بند یا قید پردے میں رہنے والی ایک 'خاتون' کا چہرہ سامنے آتا ہے۔ اب سے کچھ سال پہلے تک مسلمان عورتوں کا ملا جلا یہی چہرہ ذہن میں محفوظ تھا۔ گھر میں موٹے موٹے پردوں کے درمیان زندگی کاٹ دینے والی یا گھر سے باہر خطرناک برقعوں میں اوپر سے لے کر نیچے تک خود کو چھپائے ہوئے ___ نام یاد نہیں آرہا ہے۔ عرصہ پہلے پارٹیشن پر لکھی ہوئی کسی مشہور 'ہندو افسانہ نگار' کے ایک افسانہ میں ایسی ہی ایک برقعہ پوش خاتون کا تذکرہ ملتا ہے ___ ہم انہیں دیکھ کر ڈر جایا کرتے تھے۔ کالے کالے برقعہ میں وہ کالی کالی 'چڑیل' جیسی لگتی تھیں، تب ہم سڑکوں پر شاپنگ کرتی ان عورتوں سے صرف ڈرنے کا کام لیا کرتے تھے۔'

وقت کے ساتھ کالے کالے برقعوں کے رنگ بدل گئے ___ لیکن کتنی بدلی

مسلمان عورت یا بالکل ہی نہیں بدلی ___ قاعدے سے دیکھیں، تو اب بھی چھوٹے چھوٹے شہروں کی عورتیں برقعہ تہذیب میں ایک نہ ختم ہونے والی گھٹن کا شکار ہیں۔ لیکن گھٹن میں بغاوت بھی جنم لیتی ہے اور مسلمان عورتوں کے بغاوت کی لمبی داستان رہی ہے۔ ایسا بھی دیکھا گیا ہے کہ 'مذہب کے اصولوں اور قاعدے قانونوں کو زندگی سے تعبیر کرنے والی' صوم وصلوٰۃ کی پابند عورت نے ایک دن اچانک بغاوت یا جہاد کے لئے بازو پھیلائے اور کھلی آزاد فضا میں سمندری پرندے کی طرح اڑتی چلی گئی۔

'فرہنگ آصفیہ' میں بغاوت کا لفظ بے معنی نافرمانی اور سرکشی کے آیا ہے۔ نافرمانی کی پہلی کہانی دنیا کے پہلے انسان یا مسلمانوں کے پہلے پیغمبر حضرت آدمؑ کی بیوی حضرت حوّا سے شروع ہو جاتی ہے۔ اللہ نے سب سے پہلے آدم کو پیدا کیا اور پھر آدم کی تنہائی ختم کرنے کے لئے اُس کی پسلی سے حضرت حوّا کو پیدا کیا۔ جنت میں سب کچھ کھانے پینے کی آزادی تھی، لیکن ایک درخت کے بارے میں حکم تھا کہ اس کا پھل کبھی مت چکھنا۔ 'نافرمانی' کی پہلی روایت یہیں سے شروع ہو جاتی ہے۔ عورت پیدائش کے وقت سے ہی اپنی تجسس کو دبا پانے میں ناکام رہی ہے۔ اس کے اندر سوالوں کی ایک 'دنیا' پوشیدہ ہوتی ہے۔ حضرت آدمؑ نے لاکھ سمجھایا۔ لیکن آخر کار حضرت حوّا نے 'گندم' توڑ کر کھا ہی لیا اور اسی نافرمانی کے نتیجے میں آدمؑ اور حوّا کو جنت سے نکالا گیا اور وہ دنیا میں آ گئے۔

تو دنیا کے دروازے آدمؑ اور حوّا کے لئے کھل چکے تھے۔ وہ آپس میں مل کر رہنے لگے۔ حضرت حوّا جب پہلی دفعہ حاملہ ہوئیں، تو ایک بیٹے اور ایک بیٹی کی ایک ساتھ پیدائش ہوئی۔ بیٹے کا نام 'قابیل' اور بہن کا نام 'اقلیمہ' رکھا گیا۔ دوسری دفعہ جب حاملہ ہوئی، تو ایک بیٹا 'ہابیل' اور بہن 'یہودا' کی پیدائش ہوئی۔ شریعت کے مطابق خدا کا حکم یہ تھا کہ ایک پیٹ کی بیٹی کو دوسری پیٹ کے بیٹے سے رشتۂ ازدواج کرنا تھا۔ یعنی شریعت کے

مطابق 'قابیل' کی شادی 'یہودا' کے ساتھ اور 'ہابیل' کی 'اقلیمہ' کے ساتھ طے پائی تھی۔

یہ کیسی افسوسناک بات ہے کہ دنیا کے پہلے قتل کے لئے بھی جواب دہ ایک عورت تھی۔ پہلا قتل ایک عورت کے نام پر ہوا تھا۔ قابیل پہلی لڑکی یعنی اقلیمہ سے پیار کر بیٹھا۔ اس طرح عورت کے نام پر 'ہابیل' کو اپنی جان گنوانی پڑی۔

حضرت آدم کے بیٹے حضرت نوحؑ تک آتے آتے دنیا کافی پھیل چکی تھی۔ برائیاں اتنی بڑھ چکی تھیں کہ حضرت نوح کو خدا کا فرمان پہنچا کہ ایک بڑی سی کشتی بناؤ۔ جو لوگ تم پر ایمان لائیں گے۔ اُنہیں اپنی کشتی میں جگہ دو۔ جو تم پر ایمان نہیں لائیں گے اُن پر اللہ کا عذاب نازل ہو گا۔ کہتے ہیں ___ یہاں بھی نوح کے بیٹے کنعان اور نوحؑ کی منکوحہ نے اپنے شوہر پیغمبر کے آگے بغاوت کا اعلان کیا۔ بعد میں جو کچھ ہوا، سب جانتے ہیں۔ بھیانک سیلاب آیا۔ اِس سیلاب میں صرف نوحؑ کی کشتی محفوظ رہی۔ باقی سارے غرقاب ہو گئے۔

حضرت نوحؑ سے آخری نبی حضرت محمدؐ تک عورت وہی کچکڑے کی گڑیا رہی، جس کا استعمال ہوتا رہا۔ قرآن میں کہا گیا ___ 'عورت تمہارے لئے کھیتیاں ہیں' ___ لیکن ان 'کھیتیوں' نے تو صدیوں سے مردوں کی طاقت اور کمزوریوں کو سمجھ لیا تھا۔

عرب میں حضرت محمدؐ کے آنے تک عورت بازاروں میں بکنے والی چیز تھی۔ جس کے ہاتھ لگ جاتی، اُسی کی ملکیت ہو جاتی۔ صدیوں میں سانس لیتی عورت نے جب اپنی آزادی کے آسمان کی تمنا کی، تو سب سے پہلی جنگ اُسے مذہب سے ہی لڑنی پڑی۔ خود اسلام میں عورت کے نام پر اتنی ساری پابندیاں اُس کی تقدیر میں لکھ دی گئی تھیں، جنہیں آج کے مہذب ترین دور میں بھی عورت نبھائے جانے کے لئے مجبور ہے۔ مذہب کی حیثیت کیسی تلوار جیسی ہے، جو عورت کے سر پر صدیوں سے لٹک رہی ہے۔ عورت اس

تلوار کے خلاف جاتی ہے، تو وہ سرکش، باغی تو کبھی بے حیا اور طوائف بھی ٹھہرادی جاتی ہے۔

اسلام میں عورت کو جو بھی مقام عطا گیا ہے، شریعت کا فرمان جاری کرنے والے اور اُس پر عمل کرنے والے مولویوں نے ہر بار مذہب کی حفاظت کی آڑ لے کر عورت کو اپنے پیر کی جوتی بنانے کی کوشش کی ہے۔ مسلسل ظلم، کئی کئی بیویوں کا رواج، آزادی سے کچھ قبل تک بیوی کی موجودگی میں 'داشتہ' رکھنے اور کوٹھوں پر جانے کا رواج، اس بارے میں اپنی مردانگی کی جھوٹی دلیلیں، شہزادوں، نوابوں اور مہاراجاؤں کے ہزاروں لاکھوں قصوں میں عورت نام کی چڑیا سچ مچ کھیتی، بن گئی تھی ___ مرد عورت کی 'زمین' پر ہل چلا سکتا تھا، رولر چلا سکتا تھا۔ زمین کو چاہے تو زرخیز اور چاہے تو بنجر بنا سکتا تھا ___ وہ مرد کی 'کھیتی' تھی اس لئے اُسے بولنے کا کوئی حق نہیں تھا۔ مرد اُس کا کوئی بھی استعمال کر سکتا تھا۔

ادب اور عورت

ادب میں یہ باغی عورت بار بار چیختی چلاتی رہی ہے۔ رشید جہاں سے لے کر ممتاز شیریں، عصمت چغتائی، واجدہ تبسم، رقیہ سخاوت حسین، تسلیمہ نسرین، تہمینہ درّانی، سارا شگفتہ، فہمیدہ ریاض اور کشور ناہید تک یہ عورتیں صدیوں کی تاریخ میں خود کو عریاں دیکھتے ہوئے جب اپنی آواز بلند کرتی ہے، تو قلم اتنا تیکھا اور پینا بن جاتا ہے کہ مردانہ سماج کو ڈر محسوس ہونے لگتا ہے۔ پھر ایسی کتابوں پر سنسر شپ اور گھر میں نہیں پڑھنے کے لئے پابندی لگا دی جاتی ہے۔ ایک زمانہ تھا ___ شاید نہیں یہ زمانہ آج بھی بہت سے مسلم خاندانوں میں زندہ ہے۔ جہاں گھر کے بڑے بوڑھے ایسی تحریریں پڑھنے کے لئے منع

کرتے ہیں۔ ابھی حال تک لکھنے پڑھنے کی حد تک مسلم معاشرے میں کچھ ایسے مکالمے ہوا کرتے تھے___

☆ آپ عصمت کی کہانیاں پڑھتے ہیں___؟

☆ نہیں، بڑی بے حیا عورت ہے___

☆ آپ واجدہ تبسم کی کہانیاں پڑھتے ہیں___؟

☆ نہیں، بڑی ننگی کہانیاں لکھتی ہے۔

☆ تسلیمہ نسرین اور تہمینہ درّانی کو پڑھا ہے___؟

☆ نہیں، کچھ عورتیں اتنی بے حیائی پر اتر آئی ہیں کہ سمجھتی ہیں، اسلام کے خلاف لکھ دو تو راتوں رات مشہور ہو جائیں گی۔

کہاں پابندیوں اور بندشوں میں گھرا ہوا ایک مذہب اور کہاں مذہب اور سیکس پر کھلم کھلا اپنی رائے دینے والی مسلم عورتیں___ وہ جب اٹھتی ہیں، تو مذہب کو ایک سرے سے جھاڑ پھینکتی ہیں___

یہاں تک کہ اپنے اندر کی آگ کے لئے بھی خود کو آزاد مختار پاتی ہیں۔ وہ جب آزادی کا اعلان کرتی ہیں، تو بے رحم سے بے رحم مردوں سے بھی ہزاروں گنا آگے بڑھ جاتی ہیں۔ 'بے حیائی پر اترتی ہیں، تو مرد اُسے دیکھتے رہ جاتے ہیں___ لکھنے کی سطح پر مسلم باغی عورتوں میں آخر یہ خونخوار رویہّ آیا کیسے___؟ دراصل یہ بھی برسوں سے اندر ہی اندر جمع ہونے والی مذہب کے نام پر چیخیں تھیں، جنہوں نے ان باغی عورتوں کے قلم میں آگ بھر دی تھی۔

اپنے زمانے کی تیز طرار عورت ممتاز شیریں نے جب 'آئینہ' جیسی کہانی لکھی، تو جیسے مسلم معاشرے میں زلزلہ سا آگیا۔ آخری دنوں میں دیئے گئے ایک انٹرویو میں

ممتاز شیریں نے بھی اس بات کو مانا تھا کہ دراصل مسلم عورت کی کہانیوں میں بغاوت کے پیچھے عورتوں کا وہی استحصال رہا ہے، جو مذہب ایک لمبے عرصے سے اُن کے ساتھ کرتا آرہا ہے۔ ممتاز شیریں نے ایسے کٹھ ملاّؤں کا تذکرہ بھی کیا تھا، جنہوں نے قرآن پاک کی آیتوں کا سہارا لے کر عورت پر ظلم و ستم کے پہاڑ ڈھا رکھے ہیں۔

اس میں کہیں کوئی شک کی گنجائش نہیں ہے کہ اسلام نے جہاں عورتوں کو ایک بڑا درجہ عطا کیا ہے، وہیں اُسی کی آیتوں کا فائدہ اٹھا کر کٹھ ملاّؤں نے عورت پر اپنی سیاست کی روٹیاں بھی سینکی ہیں۔ قرآن شریف میں عورتوں کے مسائل پر سورہ النساء اتاری گئی ہے۔

"جو عورتیں بے حیائی کا کام کرے تمہاری بیویوں میں سے، سو تم لوگ اُن عورتوں پر چار آدمی اپنے سے گواہ کر لو، اگر وہ گواہی دے دیں، تو تم اُن کو گھروں کے اندر قید رکھو، یہاں تک کہ موت اُن کا خاتمہ نہ کرے یا اللہ اُن کے لئے کوئی اور راستہ نکال دے۔" (آیت 15-)

"اے ایمان والو! تم کو یہ بات حال نہیں کہ عورتوں کے (مال یا جان کے) زبردستی مالک ہو جاؤ اور اُن عورتوں کو قید مت کرو کہ جو کچھ تم لوگوں نے اُن کو دیا ہے، اُس میں کا کوئی حصہ وصول کر لو۔" (آیت 19-)

"وہ منکوحہ بنائی جائیں، نہ تو اعلانیہ بدکاری کرنے والی ہوں اور نہ خفیہ آشنائی کرنے والی ہوں، پھر جب وہ لونڈیاں بنائی جائیں، پھر اگر وہ بڑی بے حیائی کا کام (زنا) کریں، تو اُن پر اس سزا سے نصف سزا ہوگی کہ آزاد عورتوں پر ہوتی ہے۔" (آیت 34-)

"اس بات کا شک ہو کہ تم یتیم لڑکیوں کے بارے میں انصاف نہ کر سکو گے، تو عورتوں سے جو تم کو پسند ہوں، نکاح کر لو۔ دو عورتوں سے، تین تین عورتوں سے اور چار

چار عورتوں سے، اگر تم کو شک اس کا ہو کہ انصاف نہ رکھو گے، تو پھر ایک ہی بیوی پر بس کرو۔" (آیت 3-)

لیکن ایسی آیتوں یا سورہ کی تعداد کہیں زیادہ ہے، جہاں اسلام نے عورت کو عزت دی ہے یا سر آنکھوں پر بٹھایا ہے ___ جیسے اسلام نے سب سے ناپسندیدہ عمل 'طلاق' کو ٹھہرایا ہے۔ طلاق کے بارے میں یہ تذکرے دیکھئے ___

"طلاق سے بڑھ کر کوئی ناپسندیدہ چیز نہیں ہے، یا پھر طلاق کی عدت گزارنے تک اُنہیں گھر سے ہرگز نہ نکالو، یا پھر طلاق دی گئی عورتوں کو بہتر طریقے سے نفع پہنچاؤ۔ یہاں تک کہا گیا ہے کہ ماں کے قدموں تلے جنت ہے، لیکن اسلام میں بار بار پردے کا ذکر آیا ہے، جیسے ___

"اپنی چادریں اپنے اوپر ڈھانک لیا کرو۔" (سورہ الاحزاب، آیت 59-)

اپنے گھروں میں شرافت سے رہو، سجنا سنورنا، جو جاہلیت کے زمانے میں لوگوں کو دکھانے کے لئے ہوتا تھا، اسے چھوڑ دو، نماز کو قائم رکھو۔ زکوٰۃ ادا کرتے رہو اور اللہ اُس کے رسول کا حکم مانتے رہو۔ (سورہ الاحزاب، آیت 33-)

جو عورتیں جوانی کے حد سے اتر کر بیٹھ چکی ہوں، نکاح کی امید بھی نہ رکھتی ہو، اگر وہ اپنی چادریں رکھ دیں، تو اُنہیں کوئی گناہ نہیں۔ البتہ اُن کا ارادہ سجنے سنورنے کا نہیں ہونا چاہئے۔ لیکن اگر پھر بھی وہ شرم، ہچکچاہٹ سے چادریں ڈالتی رہیں، تو اُن کے حق میں بہتر ہے۔ اللہ تو سب کچھ سنتا اور جانتا ہے۔ (سورہ نور، آیت 60-)

مسلم معاشرے نے عورت کو وہیں اپنایا، جہاں وہ مجبور تھی، جہاں اُسے مارا پیٹا یا سزا دی جا سکتی تھی۔ جہاں مرد دو دو، تین تین، بلکہ چار چار عورتوں سے شادی کر سکتے تھے۔ جہاں مرد عورتوں کو 'حلال' کر کے جبراً ان کے مالک بن سکتے تھے ___ جہاں زنا یا عصمت

دری میں ذہنی چوٹ سہنے کے باوجود سزا صرف اُن کے لئے ہی لکھی گئی تھی ___ جہاں ان کے سجنے سنورنے اور ان کے سنگار پر پابندی تھی۔ ایسا نہیں ہے کہ دوسرے مذاہب میں یہ عورت راحت و آرام کی سانس لے رہی تھی۔ یہ عورت ہر جگہ بندشوں میں گھری ہوئی تھی۔ لیکن یہاں میں صرف تخلیق کی سطح پر مسلمان خواتین افسانہ نگاروں کا ہی جائزہ لینا چاہوں گا، جہاں مذہب کی بیڑیاں توڑ کر عورت جب چیخی، تو اُس کی چیخ سے آسمان میں بھی سوراخ پیدا ہو گیا۔ دیکھا جائے تو عورت ہر جگہ قید میں تھی۔ تبھی تو سمون دبوار کو کہنا پڑا ___ 'عورت پیدا نہیں ہوتی، بنائی جاتی ہے۔'

سمون دبوار کی آپ بیتی کا ایک واقعہ یاد آ رہا ہے۔ قاہرہ کے ایک سیمینار میں بولتے ہوئے سمون نے مردوں پر عورتوں کے لئے حاکمانہ، زمیندارانہ اور ظالمانہ رویہ" اختیار کرنے کا الزام لگایا۔ وہاں تقریب میں شامل مردوں نے سمون کو سمجھاتے ہوئے کہا کہ عورتوں کی نابرابری اُن کے مذہب کا حصہ ہے اور قرآن میں اس کا ذکر ہے اور مذہب کا قانون دنیا کے ہر قانون سے اوپر ہے۔

ظاہر ہے کہ سمون نے اس معاملے پر خاموشی اختیار کر لی تھی، کیونکہ برابری اور نابرابری جیسے معاملوں کے درمیان بار بار مذہب کو فوقیت دی جاتی ہے۔ یہاں میں صرف ایک مثال دینا چاہوں گا۔ صرف یہ دکھانے کے لئے کہ دیگر ملک یا مذہب میں بھی شروع سے ہی عورت کی یہی حالت رہی ہے۔ انگریزی ناول ایسی مثالوں سے بھرے پڑے ہیں۔ ایم.جی لیوس کا مشہور ناول 'دی میک۔۔۔' جب 1796 میں شائع ہوا، تو ادبی دنیا میں ہلچل مچ گئی۔ دنیا بھر کے عیسائی طبقے میں اس ناول کو لے کر نااتفاقی کی فضا پیدا ہو گئی۔ پادریوں نے خاص اعلان کیا کہ یہ ناول نہ خریدا جائے، نہ پڑھا جائے اور نہ گھر میں رکھا جائے۔ 'دی میک' میں عورتوں کو 'نن' بنانے والی رسم کے خلاف جہاد چھیڑا گیا تھا ___ مذہبی پادریوں

کے، عورتوں کے جسمانی استحصال کے ایسے ایسے قصّے اس کتاب میں درج تھے کہ دنیا بھر میں اس کتاب کی ہولی جلائی گئی ___ سچ تو یہی ہے، جیسا کہ سیمون دبوار نے کہا تھا ___ "عورتیں پیدا نہیں ہوتیں بنائی جاتی ہیں۔ وہ ہر بار نئے مردانہ سماج میں نئے نئے طریقے سے 'ایجاد' کی جاتی رہی ہے۔"

ترقی پسندی کا عہد اور نئی عورتیں

1936 کی ترقی پسند تحریک نے ایک طرف جہاں بغاوت کی 'تان' چھیڑی، وہیں اردو ادب کو باغیانہ تیوروں کا دستاویز انگارے کی شکل میں بھی سونپ دیا۔ اس تحریک نے رشید جہاں، ممتاز شیریں اور جانے کتنی باغی عورتوں کو نیا پلیٹ فارم دیا۔

اردو میں یہ باغیانہ سُر آج بھی تیز ہے۔ کشور ناہید، فہمیدہ ریاض سے ہندستان کی نگار عظیم، واجدہ تبسم اور نفیس بانو شمع تک ___ آخر عورتوں میں اتنی آگ کہاں سے جمع ہوئی؟

کیا یہ بند بند سے معاشرے کا احتجاج تھا، یا مسلم مردانہ سماج سے صدیوں میں جمع ہونے والی بوند بوند نفرت کا نتیجہ۔ یہ مذہب کا کرشمہ تھا یا صدیوں قید میں رہنے والی عورت اور اُس کی گھٹن کا نتیجہ ___ برسوں سے گھر کی چہار دیواری میں قید عورت کو آخر ایک نہ ایک دن اپنا پنجڑا توتوڑنا ہی تھا۔ دیکھا جائے تو یہ بغاوت کے تیور معاشرے میں کم و بیش جنم لیتے رہے تھے۔ نبیوں کی روایت میں حضرت محمدؐ کو آخری نبی کہا گیا تھا۔ یعنی اُن کے بعد کوئی نبی نہیں آئے گا۔ لیکن بہت بعد میں قرۃ العین طاہرہ نام کی ایک عورت نے اسلام کو چیلنج کرتے ہوئے اعلان کیا کہ میں "نبیہ" ہوں۔ اللہ نے یہ کہا ہے کہ مرد پیغمبر

نہیں آئیں گے۔ یہ کہاں کہا گیا ہے کہ عورت پیغمبر نہیں آئیں گی۔ قرۃ العین طاہرہ کو بدلے میں جان سے ہاتھ دھونا پڑا۔ اردو کے مشہور نقّاد سجاد حیدر یلدرم کو کہنا پڑا ___ "میں حشر کا قائل نہیں، مگر حشر کا منتظر ضرور ہوں۔ میں قرۃ العین طاہرہ کے قاتلوں کا حشر دیکھنا چاہتا ہوں۔"

روایت اور بغاوت سے جڑی ایسی کتنی ہی کہانیوں نے تخلیقی سطح پر خواتین افسانہ نگاروں میں روح پھونکنے کا کام کیا تھا۔ دیکھا جائے تو 1857 کے آس پاس 'نوجاگرن' کی آوازیں تیزی سے اٹھنے لگتی تھیں۔ آریہ سماج اور برہم سماج نے عورتوں کی تعلیم کی آواز بھی اٹھائی۔ مسلمانوں میں، خاص طور سے عورتوں میں تعلیم کا رجحان ذرا دیر سے پیدا ہوا۔ 1896 میں علی گڑھ میں شعبہ نسواں کھولا گیا۔ دیکھتے ہی دیکھتے عورت کی طرفداری میں اور آزادی کی حمایت میں پڑھی لکھی عورتیں سامنے آنے لگیں۔

دراصل عورت اب عورت کے گندے ماضی سے لڑ رہی تھی ___ عورت کی وحشت ناک تاریخ پر چابک برسا رہی تھی۔ وہ صدیوں میں سمٹے اُن پہلوؤں کا جائزہ لے رہی تھی، جب جسمانی طور پر اُسے کمزور ٹھہراتے ہوئے مردانہ سماج میں اُس پر ظلم وستم ایک ضروری مذہبی فریضہ بن چکا تھا۔

مسلم خواتین میں جس عورت نے پہلی بار تخلیقی سطح پر بغاوت کا پرچم بلند کیا، وہ شیخ عبد اللہ کی بڑی بیٹی رشید جہاں تھی، پھر دیکھتے ہی دیکھتے ایسے مردانہ سماج میں، جہاں عورتوں کا پردے سے باہر نکلنا بھی گناہ سمجھا جاتا تھا۔ ایک کے بعد ایک کئی رشید جہاں پیدا ہونے لگیں۔ برسوں سے اندر جمع نفرت الفاظ کی شکل میں مذکورہ حدود کو لگاتار توڑ رہی تھیں ___

"جان یہاں اُتار دو، یہاں کون بیٹھا ہے۔" انہیں پانچ چھ مردوں میں سے ایک نے

کہا۔ "کیوں پیاری ایک بوسہ دو گی؟" کی سخت آواز کچھ عرصے بعد میرے کانوں تک آئی۔ "اے ہے، ہم آئے کاہے کو ہیں، تم لوگوں کو تو ہم دیں گے۔" ایک برقعہ پہنے عورت نے جواب دیا۔"

___ سودا، رشید جہاں

انقلاب اور بغاوت کی بلند آواز

غور طلب ہے کہ اردو کی خواتین افسانہ نگار اپنے شروعاتی دور میں ہی 'بوسے' کی باتیں کرنے لگی تھیں۔ یہ سب برسوں سے اندر جمع نفرت کو نکالنے کا ایک راستہ بھر تھا۔ سجاد ظہیر کے 'ہنگامہ خیز انگارے میں بھی خواتین کی شکل میں صرف ایک عورت، یعنی رشید جہاں کی کہانی شامل تھی۔ 'دلّی کی سیر' ___ فرید آباد سے ایک روز کے لئے 'دلّی کی سیر' پر نکلی ملکہ بیگم نے آخر کس دلّی کو دیکھ لیا تھا' ___ "خدا کے لئے مجھے اپنے گھر پہنچا دو۔ میں باز آئی اس موئی دلّی سے۔ تمہارے ساتھ تو کوئی جنت میں بھی نہ جائے۔"

آخر دلّی کی سیر کو لے کر تب اتنا واویلا کیوں مچا تھا؟ بات جنت کی نہیں تھی۔ یہ جنت تو عورت کے اندر کی جنت تھی، جسے اپنے معاشرے سے گھبرائی عورت نے محسوس کیا تھا۔ آگے بڑھ کر خاموشی سے اندر کھلنے والی کھڑکی کھول لی۔ جنت کی اس کھلی کھڑکی نے ادب میں تبدیلی لانے کا کام کیا۔ محبت کی اور پُر اسرار کہانیاں لکھنے والی حجاب امتیاز علی نے 1936 میں اپنی کہانی 'بیمار غم' میں نئی عورت کی مخالفت کو صاف صاف دکھا دیا ___

"اللہ، کیا مشرق میں لڑکی صرف اس لئے پیدا ہوتی ہے کہ وہ دوسروں کی خوشیوں پر قربان کر دی جائے؟ کیا اُسے خود اپنی زندگی کے معاملے میں دخل دینے کا اختیار نہیں؟

کدھر ہے وہ ریفارمر، جو قوم کے آگے لمبی لمبی تقریریں کرتے اور بہبودی قوم کا ترانہ بڑے زور شور سے گاتے ہیں؟ اسٹیجوں پر کھڑے ہو کر اپنے سینے پر ہاتھ رکھ رکھ کر قومی درد جتانے والے ریفارمر کدھر ہیں؟ وہ اپنے گریبان میں منہ ڈال کر دیکھیں، انہوں نے اپنی ماؤں کے لئے کیا کیا؟ لڑکیوں کے لئے کیا کیا؟ اگر اُن کے احساس صرف مردوں کے دکھ درد تک ہی محدود ہیں، تو پھر یہ بزرگ کس منہ سے قوم کے امام بنے پھرتے ہیں؟ پھر وہ کیوں اس نام سے جوڑے جاتے ہیں؟ کیا وہ عورت کو قوم سے 'خارج' سمجھتے ہیں؟ کیا قوم صرف مردوں کی جماعتوں کا نام ہے۔" ___ بیمار غم

دراصل یہی تیزی سے آنے والی تبدیلیاں تھیں۔ مرد کے سامنے نگاہ نیچی رکھنے والی اور ہونٹ بند رکھنے والی عورت جرح کر رہی تھی۔ مردوں سے یہاں تک کہ قاضی مولوی اور علماؤں سے سوالوں کی بوچھاریں کر رہی تھی ___ وہ خوف خدا اور مذہب کا ڈر بھول کر تیز طرار باغی عورت بن کر قوم کے ریفارمر اور مسجد کے اماموں سے دریافت کر رہی تھی کہ آخر عورتوں پر ظلم و ستم کے پہاڑ توڑ کر تم کس منہ سے امام بنے پھرتے ہو؟

اس سے دو قدم آگے نکل گئی تھیں رقیہ سخاوت حسین ___ 1903 میں شائع 'سلطانہ کا سپنا' میں انہوں نے 'مردانہ طرز شطرنج' کی بساط ہی اُلٹ دی۔ پہلے جہاں کٹ گھرے میں عورت تھی، رقیہ نے وہاں مردوں کو بیٹھا دیا۔ یعنی عورتوں کی حکومت۔ 'سلطانہ کا سپنا' میں مرد کہیں نہیں ہے۔ مرد گھروں میں ہے۔ وہی عورت والی چہار دیواری میں بند۔ گھٹن اور بے بسی کے شکار ___ آخر وہ کیسا سماج تھا، کیسا معاشرہ تھا، جہاں عورت بار بار سلطانہ جیسا سپنا دیکھنے پر مجبور ہو رہی تھی ___

"سب مرد کہاں ہیں؟" میں نے پوچھا۔

"اپنی صحیح جگہ پر ہیں، جہاں ہونا چاہئے۔"

" صحیح جگہ سے تمہارا کیا مطلب ہے بھلا۔"

"اوہ، سمجھی، تم پہلے کبھی یہاں نہیں آئی ہو۔ نا اس لئے ہمارے رواجوں سے واقف نہیں۔ ہم اپنے مردوں کو اندر بند رکھتے ہیں۔ جیسے ہمیں اپنے زمانہ میں رکھا جاتا تھا۔"

___سلطانہ کا سپنا

دراصل عورت اپنے وجود کی لڑائی لڑ رہی تھی۔ وہ برسوں کی ذلت، ہمدردی، اپنی کمزوریوں سے باہر نکلنے کے لئے بیتاب ہو رہی تھی۔ آہستہ آہستہ سماج کا نقشہ بدلنے لگا تھا۔ مشرقی، روایتی لڑکی اپنے خول سے باہر نکل کر کھلم کھلا آزادی اور سیکس کی باتیں کرنے لگی تھیں۔ عصمت تک آتے آتے مردانہ سماج کی تنگ نظری سے گھبرا کر عورت سرعام دوسری عورت کے ساتھ ایک ہی 'لحاف' میں گھس جانے کا تجربہ بھی کر رہی تھی۔

"لحاف پھر اُبھرنا شروع ہوا۔ میں نے بہتیرا چاہا کی چپکی پڑی رہوں، مگر اس لحاف نے تو ایسی عجیب عجیب شکلیں بنانے شروع کیں کہ میں لرز گئی۔ معلوم ہوتا تھا، غوں غوں کر کے کوئی بڑا سا مینڈک پھول رہا ہے۔ اب اُچھل کر میرے اوپر آیا۔ ___لحاف

اب باضابطہ، ان کہانیوں پر بحث و تکرار کے دفتر کھل گئے تھے۔ یہی کم نہیں تھا کہ مردوں کے اس سماج میں ان مسلم خاتون افسانہ نگاروں کو 'دھرم نکالا' کے لئے مجبور نہیں کیا گیا۔ ان خاتون مسلم افسانہ نگاروں کی بے حیائی کے قصّے مردانا سماج میں 'ذائقے' اور 'بے شرمی' کی علامت بن گئے۔ لیکن دوسری طرف اسی مردانا سماج میں ایک طبقہ اور بھی تھا، جو سنجیدگی سے ان عورتوں کی بے باکی اور حقیقت پسندی کے نظریئے پر غور کر رہا تھا۔ عصمت ان باغی عورتوں میں اپنی چٹخارے دار زبان کی وجہ سے کافی آگے نکل گئی۔ "گیندا' ' سے شروع ہونے والا سفر 'لحاف' اور 'چوتھی کا جوڑا' تک آتے آتے

معاشرے سے بغاوت کی علامت بن چکا تھا۔ اب اس کارواں میں اختر جمال، جمیلہ ہاشمی، الطاف فاطمہ، رشیدہ رضویہ، فرخندہ لودھی ہاجرہ مسرور، خالدہ حسین جیسی خواتین افسانہ نگار شامل ہونے لگی تھیں۔

زنجیریں ٹوٹ رہی تھیں۔ لیکن کتنی ٹوٹی تھیں زنجیریں؟ کچھ شہروں میں مذہب کا کاروبار کرنے والے علماء کی نظر میں عورت اب بھی وہی تھی، چہار دیواری میں بند، برقعہ اور پردے میں گھری، مرد کی جھوٹن۔ حیدرآباد سے چٹخارے دار زبان میں نوابوں کے قصّے لے کر آئی واجدہ تبسم ___ 'ہور اوپر، ہور اوپر' اور "اُترن' جیسی کہانیاں دیکھتے ہی دیکھتے مردوں کے سر پر چڑھ کر بولنے لگیں۔ یہ حیدرآبادی نوابوں کے ایسے قصّے تھے، جو حرص و شہوت کے 'مربی' تو تھے ہی، ساتھ ہی اُن کے حرم کے کالے کارناموں کا بیان بھی تھے۔ بیوی صرف گھر کی عزت تھی، یعنی برائے نام بیوی۔ مرد اپنی مردانہ حمایت میں ٹھیک اُس کے سامنے کسی کنیز، دائی، آیا، ملازم یا داشتہ کے ساتھ کوئی بھی کارنامہ کر سکتا تھا۔ لیکن اب نئی ہواؤں میں بغاوت کے تیور آ گئے تھے۔ 'اُترن' کہانی کی کنیز کی یہ خوشی آپ بھی دیکھئے ___

"رخصتی کے دوسرے دن دیوڑھی کے دستور کے مطابق جب شہزادی پاشا اپنی اُترن، اپنا سہاگ کا جوڑا، اپنی کھلائی کی بٹیا کو دینے گئی۔ تو چمکی نے مسکرا کر کہا،

"پاشا۔۔۔ میں ۔۔۔ میں ۔۔۔ میں زندگی بھر آپ کی اُترن استعمال کرتی آئی، مگر اب آپ بھی۔۔۔"

اور وہ دیوانوں کی طرح ہنسنے لگی، "میری استعمال کی ہوئی چیز اب زندگی بھر آپ بھی۔۔۔ "اُس کی ہنسی تھمتی ہی نہ تھی، سب لوگ یہی سمجھے کہ بچپن سے ساتھ کھیلی سہیلی کی جدائی کے غم نے عارضی طور سے چمکی کو پاگل کر دیا ہے۔"

___اُترن

پاکستان، بنگلہ دیش اور 'باہر' کا منظر نامہ

یہ بھی دیکھنے کی بات ہے کہ دراصل بغاوت کی بیار زیادہ تر وہیں بہہ رہی تھی، جہاں بند شیں تھیں ___ دم گھٹنے والا معاشرہ تھا۔ شاید اس لئے تقسیم کے بعد کے جمہوریہ اسلام پاکستان میں حکومت کرنے والے علماؤں اور ملاؤں کے خلاف عورتوں نے بغیر خوف اپنی آواز بلند کرنا شروع کی۔ کہاں ایک طرف پردہ نشینی کا حکم اور کہاں دوسری طرف دھکا دھک سگریٹ پیتی ہوئی، الفاظ سے تلوار کا کم لیتی ہوئی خواتین افسانہ نگار ___ کشور ناہید، فہمیدہ ریاض، زاہدہ حنا سے لے کر تہمینہ درّانی تک ___ پاکستان سے علیحدہ ملک کے طور پر جب بنگلہ دیش کا 'قیام' عمل میں آیا، تو وہاں بھی عورتوں میں یہ باغی سُر پہنچ چکے تھے۔ رقیہ سے تسلیمہ نسرین تک بغاوت کی بیار کبھی رُکی نہیں ___ اس سارے منظر نامے کو کشور ناہید نے کچھ زیادہ ہی قریب سے دیکھا ہے ___

"پاکستان نے اپنے وجود کو عورت کے وجود کی طرح تقسیم ہوتے دیکھا۔ خود کو عورت کی طرح دولت کی غلامی میں جکڑا ہوا محسوس کیا۔ آقاؤں نے 200 سال پرانا کھیل پھر دوہرایا۔ اب یہ کھیل وہ خود نہیں کھیل رہے تھے۔ بلکہ اُس کے زر خرید سیاستداں اور نوکر شاہی کھیل رہی تھی۔ 1965 میں چھیڑ چھاڑ اور طاقتوں کو آزمانے کا کھیل کھیلا گیا۔ اب شکار پھر عورتیں ہی تھیں۔ پاکستان لال قلع پر جھنڈا لہرانے کے لالچ میں 'تھینک یو امریکہ' سے دوچار ہو رہا تھا___"

دراصل نئے اسلامی معاشرے میں نوکر شاہی اور سیاست کا جو گھنونا کھیل شروع ہوا

تھا، وہاں 'حاکم' صرف اور صرف مرد تھا۔ عورت نئی اسلامی جمہوریت میں، مذہب کا سہارا لے کر پیر کی جوتی بنادی گئی تھی، درد بھرے انجام کو پہنچی عورتوں کی اسی کہانی کو لے کر تہمینہ درّانی نے اپنی آپ بیتی لکھنے کا فیصلہ کیا۔ پاکستانی سیاست کے اہم ستون مصطفیٰ کھر نے سیاست اور مذہب کے درمیان ہم آہنگی قائم کرتے ہوئے اپنی بیویوں کے ساتھ ایسے ظلم کئے کہ آج کے مہذب سماج کے رونگٹے کھڑے ہو جاتے ہیں۔ تہمینہ کی آپ بیتی 'میرے آقا' نے پاکستان کے سیاسی ادبی حلقے میں ہنگامہ کھڑا کر دیا۔ یہ عورت کے ظلم وستم کی داستاں تو تھی ہی۔ لیکن عورت اب بھی اپنے وجود کے لئے مرد کو نیچا دکھانے پر اتر آئی تھی۔

"میرے ابا جان، بھائی اور کچھ نزدیکی رشتہ داروں کے سوا مرد لوگ میرے لئے پرائے تھے اور شروعاتی لمحوں سے ہی مجھے مردوں سے دور رہنا سکھایا گیا تھا۔ میرے بچپن میں ایسی ہدایتوں کی فہرست بہت لمبی تھی کہ مجھے کیا کیا نہیں کرنا ہے اور اِن سب کا ہی مقصد میرے اور مردوں کی دنیا کے درمیان ایک غیر تجاوز دوری بنائے رکھنا تھا۔ جیسے کریم پاؤڈر یا نیل پالش کا استعمال مت کرو۔ لڑکوں کی طرف مت دیکھو، نئے زمانے کی سہیلیاں مت بناؤ اور ایسی کسی بھی لڑکی سے دوستی مت کرو، جس کا کوئی بڑا بھائی ہے۔ بغیر اجازت کسی دوست کے گھر مت جاؤ۔ کبھی فون مت اُٹھاؤ۔ ڈرائیور کے ساتھ کبھی اکیلی باہر مت جاؤ۔ نوکروں کے ساتھ کبھی باورچی خانہ میں کھڑی مت رہو۔"

"ایک رات مصطفیٰ نے مجھ سے جسمانی رشتہ بنانا چاہا۔ اُس کے رخ سے مجھے لگا کہ وہ ماننے والا نہیں تھا۔ مجھے ہتھیار ڈالنا ہی تھا۔ میں نے اپنے آپ کو اُس لمحہ سے الگ کر اپنی نفرت پر قابو کیا۔ میں اُس کے کندھے کے اوپر سے خلاء میں تاکتی رہی اور خدا سے دعاء

کرتی رہی کہ اُسے سزا دے۔ یہ زنا ہے۔ خدا! اپنے مرد سے منع کیا ہے کہ وہ ایک ہی وقت میں دو بہنوں کے ساتھ جسمانی رشتہ نہ بنائے۔ یہ آپ کے قرآن میں لکھا ہے۔ اگر یہ قانون آپ نے بنایا ہے، تو آپ میرے ساتھ یہ دوبارہ نہیں ہونے دیں گے۔ اِس آدمی کو آئندہ مجھے کبھی مت چھونے دینا، کبھی وہ آپ کی حکم عدولی کرنے کی گستاخی نہ کر پائے، میں کچھ نہیں کر سکتی۔ لیکن آپ تو اسے روک سکتے ہیں۔"

ذرا سوچئے، جہاں کریم یا نیل پالش لگانا منع ہو، فون اُٹھانا منع ہو، فون اُٹھانے پر پابندی ہو، پرائے مردوں سے ملنا بے شرمی سمجھا جاتا ہو، ایسے ماحول میں مصطفیٰ کھر کی پانچ بیویوں میں سے ایک، یعنی تہمینہ درّانی تمام ناانصافیاں سہتی ہوئیں آخر اپنے وجود کا آخری ہتھیار اُٹھا لیتی ہے۔ وہ مصطفیٰ، جو تہمینہ کو لات جوتے اور گھوسوں سے پیٹتا ہوا کہا کرتا تھا، تمہاری کوئی آئیڈنٹیٹی نہیں ہے تہمینہ درّانی۔ تم ہمیشہ بیگم مصطفیٰ کھر ہی رہو گی۔ تمہیں اپنا تعارف میری سابق بیوی کے طور پر ہی دینا ہو گا۔ لیکن تہمینہ اپنے اس جہاد میں اس طرح جیتی کہ اُس نے کسی فاتح حکمراں کی طرح اپنی آپ بیتی قلمبند کے بعد مصطفیٰ کو فون کر کے کہا____

"دیکھو مصطفیٰ، اب دنیا جلد ہی تمہیں تہمینہ درّانی کے سابق شوہر کے روپ میں جانے گی۔"

بغاوت کی یہ آواز آج پاکستان میں خاتون افسانہ نگاروں کے یہاں عام بات ہے۔ مردوں کے ظلم و ستم سے گھبرا کر عورت اپنا "پرسنل اکاؤنٹ" تک الگ کرنا چاہتی ہے۔ یہ پرسنل اکاؤنٹ دراصل اُس کی اپنی شناخت ہے، جس کے لئے وہ 'جنگ' تیز کر چکی ہے____

"میرے پیارے وطن پاکستان کے مرد کیسے ہیں! یہ سب اپنی بیویوں کی تنخواہیں

اپنی ہتھیلیوں پر رکھوا لیتے ہیں یا گھر کو جنت نامی دوزخ میں جھونک دیتے ہیں ۔۔۔ اپنی خوشی سے وہ اپنی کمائی کا ایک دھیلا بھی کیوں خرچ نہیں کر سکتیں؟ ___ فہمیدہ ریاض

یہ کہانی کا ایک رُخ ہے، دوسرا رُخ کشور ناہید کی کتاب 'بُری عورت کی کتھا' میں بخوبی دیکھا جا سکتا ہے۔ آخر وہ کیسا نظام ہے، جہاں پیدائش کے بعد سے ہی ظلم و جبر سہتی ایک مسلمان عورت کبھی اپنی آزادی اور کبھی مذہب کے خوب سے گھبرا کر ایک باغی عورت بن جاتی ہے ___

"جب ماں نے مصالحہ پیسنے کو کہا، تو میں نے گلی میں نکل کر اپنے ہم عمروں سے پوچھا ___ "کیا یہ میری سگی ماں ہے؟ مجھے مرچیں پیسنے کو دیتی ہیں اور میری انگلیوں میں مرچ لگ جاتی ہے۔"

آگے بڑھوں تو سات سال کی عمر ۔۔۔ اب مجھے برقعہ پہنا دیا گیا۔ میں گر گر پڑتی تھی، مگر مسلمان گھرانوں کا رواج تھا ___ 13 سال کی عمر کی ہوئی تب سارے رشتے کے بھائیوں سے ملنا بند۔ 15 سال کی عمر کالج میں داخلے کے لئے بھوک ہڑتال۔ 19 سال کی عمر یونیورسٹی میں داخلے کے لئے باویلا۔ 20 سال کی عمر، شادی خود کرنے پر اصرار ___ 20 سال کی عمر کیا آئی، شادی کیا ہوئی، سوچ میرا پہریدار ہو گیا۔

___ کشور ناہید

دراصل ایک مکمل اسلامی معاشرہ اور تہذیبی ماحول خاتون افسانہ نگاروں کی کہانیوں میں بار بار بغاوت کی وجہ بنتی رہی ہے۔ پاکستان کے 55-56 سال کے عامرانہ حکومت میں 'کٹّر پنتھی' ملّاؤں کی حکومت رہی ہے۔ جہاں عورت ہر بار اپنے ہی گھر کی چہار دیواری میں دفن کر دی جاتی ہے۔ چھوٹی عمر سے ہی سر پر دوپٹّہ رکھنے، رشتے کے بھائیوں سے ملنے

پر پابندی اور پھر پردے کی مجبوریاں۔ شادی کے بعد شوہر مذہب کی آڑ لے کر اُس پر اپنے ظلم و ستم کے پہاڑ توڑتا ہے۔ اِسی ظلم سے جنم لیتی ہے کہانیاں۔ عفرا بخاری سے طاہرہ اقبال اور بشریٰ اعجاز تک کی کہانیوں میں یہی ستائی ہوئی عورت بار بار بغاوت کا پرچم لے کر سامنے آجاتی ہے۔ کیسا عجیب المیہ ہے کہ مردانہ سماج سے ٹکّر لینے والی اِن عورتوں کو بھی بے حیا اور بدکار کہنے سے ہمارا سماج پرہیز نہیں کرتا۔ عصمت چغتائی، واجدہ تبسم سے لے کر آج یہی رویہّ برقرار ہے ___

بقول سلوِیا پاتھ ___

'میں توشبدوں کی پہیلی ہوں۔

ایک ہاتھ /

ایک طلسمی گھر /

ایک تربوز /

جو لڑھک رہا ہو /

ایک سرخ پھل ہاتھی دانت، صندل کی لکڑی /

وہ ریزگاری

جو ابھی ابھی تازہ، ٹکسال سے نکلی ہو،

میں ایک رشتہ ہوں

اسٹیج ہوں، گائے کا بچھڑا ہوں

میں نے سنہرے سیبوں کا بھرا تھیلا کھایا ہے

اور اب میں

اُس ٹرین میں سوار ہوں
جو کہیں رُک نہیں سکتی"

بغاوت کی سطح پر نیا عورت کا ادب

بغاوت کا یہ سلسلہ جاری ہے۔ تخلیق کی سطح پر عورتوں کا قلم باغی اور وحشیانہ بن گیا ہے، تو یہ بھی مرد سماج کی ہی دین ہے۔ بشریٰ اعجاز، ثمینہ راجا، طاہرہ اقبال، نفیس بانو شمع، ترنم ریاض کے یہاں بغاوت نئی کہانی کا مرکز بن گئی ہے۔ غزال ضیغم لیسبیئن بن جانے کی صلاح دیتی ہیں۔ تو کہانی 'عکس' میں نگار عظیم باپ بیٹی کے جنسی رشتے پر سوالیہ نشان کھڑا کرتی ہیں۔ عورت دراصل اپنے وجود کی نفرت میں جی رہی ہے۔

عورت۔۔۔ اُسے خود سے نفرت کا احساس ہوا؟ عورت سبھی سلوک و برتاؤ میں، زندگی کے ہر موڑ پر پاؤں کی دھول جھاڑتے ہی چت کیوں ہو جاتی ہے؟ ایک دم سے چت اور ہاری ہوئی۔ مرد فاتح ہوتا ہے اور عورت کتنی بڑی کیوں نہ ہو جائے، عورت کی عظمت کہاں سو جاتی ہے۔

جرم، تبسم فاطمہ

میں بے حد چاہ کے ساتھ ساتھ اُس سے نفرت بھی کرنے لگی۔ ایک ساتھ دونوں جذبے مجھ پر جاری و ساری تھے۔ محبت کے مارے میں اُس کے گندے موزے تک سونگھتی اور بھیگی بنیان اپنے تکیہ پر رکھ دیتی۔

وہ عجیب قسم کا ذلیل اور کمینہ آدمی تھا۔ میں روتی، تو وہ اُٹھ کر سب سے پہلے گھر کے دروازے کھڑکیاں بند کرنے لگتا۔ ہاتھ پیر جوڑنے لگتا۔ "خدا کے لئے مت رو، لوگ تیرا

رونا سنیں گے، تو میرے بارے میں کیا رائے کریں گے؟" ___ 'نیک پروین'، 'غزل ضیغم'

اِن بدلے ہوئے حالات میں، خواتین افسانہ نگار کے افسانوں کے وہ پہلو ہیں، جہاں خاص طور پر کچھ پختہ فیصلے جاری کئے گئے ہیں۔

عورت اب نیک پروین بن کر نہیں رہ سکتی (غزل ضیغم)، 'دکھ موسم' کہانیوں کے دن بیت گئے۔ عورت اب دکھ سے سمجھوتہ نہیں کر سکتی۔ شوہر اُس کے لئے 'بُل ڈاگ' ('نیک پروین' کہانی کے آگے کا حصہ دیکھئے) ہے۔ تب بھی ایسے شوہر کو ہینڈل کرنا وہ اچھی طرح جانتی ہے اور وہ 'نیک پروین' صرف اپنے شوہر پر منحصر نہیں ہے ___

یہ کہانی کا ایک حصہ ہے۔ اب ایک دوسرا نظریہ دیکھتے ہیں۔

'عورت ہی ہر بار چت کیوں ہوتی ہے۔' جسمانی طور سے بھی، اس ناکامی سے باہر نکلنے کا حوصلہ کوئی عام حوصلہ نہیں ہے۔ یعنی عورت کس کس طریقے سے اپنے آپ کو جانچ سکتی ہے۔ یہ غور کرنے کا وقت ہے۔

نئی صدی کے گلوبل گاؤں سے آج کی عورت اندیکھی نہیں ہے۔ یقیناً اسی وجہ سے وہ پرانی صدی سے باہر نکل کر کچھ زیادہ پھیل گئی ہے یا کچھ نیا کرنے کی خواہش مند ہے۔

بشریٰ اعجاز، نگار عظیم، غزل ضیغم اور تبسم فاطمہ نئی صدی کی نئی دنیاؤں کے بارے میں جس طرح غور و فکر کر رہی ہیں، وہ ہمارے لئے نہ صرف نیا ہے، بلکہ چونکانے والا بھی ہے۔

کل اور آج

ممتاز شیریں سے خدیجہ مستور، مسز عبد القادر سے ہیجان انگیز کہانیوں والی حجاب امتیاز علی، عصمت چغتائی، قرۃ العین حیدر سے واجدہ تبسم اور جیلانی بانو، رفیعہ منظور الامین، شمیم صادقہ، ذکیہ مشہدی سے نئی خواتین افسانہ نگاروں تک، جو بغاوت کے تخم سفر میں کل موجود تھے، وہی آج بھی موجود ہیں۔ ممتاز شیریں جلتے ہوئے انگارے کی بارش کرتی ہے، تو خدیجہ آنگن کے بٹوارے پر سو سو آنسو بہاتی ہے۔ مسز عبد القادر سنجیدگی سے عورت کے وجود، بدلتے وقت اور بدلتے تیوروں کی بات کرتی ہے، تو حجاب امتیاز علی ہیجان انگیز وادی میں پُر اسرار واقعات کو یکجا کر کے خوش ہو جاتی ہے۔ یعنی ایک ڈراؤنے اور خوفناک ماحول میں یہ دنیا ایک ایسی علامت بن جاتی ہے، جہاں روحوں کا بسیرا ہے اور انسان صرف بھوت پریت۔۔۔ جو ایک دوسرے کو ڈرا دھمکا کر اپنا اُلّو سیدھا کر رہا ہے۔

عصمت کا 'لحاف' والا واقعہ دوسرا تھا۔ عصمت نے 'لحاف' میں خوفزدہ پاگل ہاتھی دیکھ لیا تھا۔ پتہ نہیں یہ اُن کے گھریلو ماحول کا اثر تھا یا مجبوری، یا سماج کی ستم ظریفی کا دباؤ۔ 'چوتھی کا جوڑا' سے 'چاچا چابڑے' تک عصمت عورت سے متعلق کہانیاں تلاش کرتی رہیں اور اس لئے 'لحاف' کے اندر سے دیواروں پر رینگتے پاگل ہاتھی سے زیادہ کچھ بھی دیکھ پانے میں کامیاب نہیں رہیں۔

حقیقت میں یہ عصمت کی کہانیوں کا قصور نہیں تھا، بلکہ عصمت کی 'عورت' بغاوت کی جگہ اُسے خودسپردگی پر زور دے رہی تھی۔ قرۃ العین حیدر کی دنیا اِس تعلق سے تھوڑا الگ تھی۔ یعنی وہ عورت کے متعلق بہت حد تک الجھن بھری تھیں، یعنی اُن کی آپ بیتیوں میں عورت کے لئے اُن کا جلا کٹا رُخ ایسا تھا، جیسے کوئی گھمنڈی راجکماری اپنی داشتاؤں کو نفرت بھری نظر سے دیکھ رہی ہے۔۔۔ چاہے اُن میں فلم ایکٹریس نرگس

ہوں یا کوئی ترم خاں، قرۃ العین حیدر نے کبھی عورت کے مسائل کی پرواہ نہیں کی۔ اُن کے پاس ماضی کا ایک جھروکا تھا۔ لکھنے کی ایک میز تھی اور اپنی تعریف کا جذبہ تھا۔ جس کے آگے پیچھے اُن کی آنکھیں کچھ بھی دیکھ سکنے کی حالت میں نہیں تھیں۔

واجدہ تبسم کا قلم 'ہور اوپر، ہور اوپر' سے آگے کبھی نہیں بڑھا، یعنی جس حد تک عورت کے 'ہور اوپر ہور اوپر' کے تصور کو وہ چٹخارے دار الفاظ میں پیش کر سکیں، یعنی 'عورت' کی حصولی اُن کے نزدیک 'چٹخارے' سے زیادہ اہمیت نہیں رکھتی تھی۔

اس کے برعکس دیکھیں، تو مسرور جہاں، جیلانی بانو، رفیعہ منظورالامین، شمیم صادقہ اور ذکیہ مشہدی کی کہانیوں کی فضا الگ تھی۔ ایک طرف جیلانی بانو جہاں انسانی مسائل کے درد، زمین کی زبان میں سنانے کی کوشش کر رہی تھی، شکیلہ اختر عورت کو ڈائن بنانے والی وجہوں پر غور کر رہی تھیں۔ شمیم صادقہ قابلیت کے سہارے عورت کی سائکی کی جانچ کر رہی تھی۔

عورتوں کے اِس کارواں میں بہت سے نام رہ گئے ہیں۔ مجھے اِس بات کا احساس ہے لیکن ناموں کی گنتی کرنا یہاں میرا مقصد نہیں ہے۔ خواتین افسانہ نگاروں نے جب بھی قلم اٹھایا ہے۔ وہی پرانا، خود کو حکمرانی کے بوسیدہ کمبل میں چھپائے ہوا مرد سامنے آگیا ہے یا مذہب کی زنجیروں کے درمیان صدیوں کی تہذیب میں وہی مرد کی ذات رنگ بدل بدل کر اِس نئی بغاوت کا ایک حصہ بنتی رہی ہے۔

غیر ملکوں سے آتی ہوئی نئی ہوا، یا وہی دقیانوسی ڈھانچہ

غیر ممالک جیسے انگلینڈ، امریکہ وغیرہ میں بھی مسلمان خواتین افسانہ نگاروں کی کمی

نہیں ہے، لیکن عجیب بات تو یہ ہے کہ آج 'مغربی' ہواؤں میں سانس لینے کے باوجود وہ ڈری سہمی مشرقی یا روایتی لڑکی سامنے آجاتی ہے۔ باہر کے کھلے پن کا مقابلہ کرنے کے لئے ہتھیار وہی کالے کالے برقعہ بن جاتے ہیں۔ اوپر سے لے کر نیچے تک خود کو ڈھکے ہوئے، لالی چودھری سے لے کر بانو اختر، پروین لاشری، حمیدہ معین رضوی، سعیدہ سلیم عالم، عطیہ خاں، صفیہ صدیقی وغیرہ اپنی کہانیوں میں اُسی عورت کو زندہ کرنے میں ترجیح دیتی ہیں، جو مذہبی پابندیوں میں اپنے شوہر کی اطاعت اور فرماں برداری میں زندگی بسر کرنے کو ہی شرعی راستہ جانتی ہوں۔

باہر کے رنگیں اور کھلم کھلا ماحول میں ذرا سی آزادی چرانے والی عورت کتنی محتاط ہو جاتی ہے، اس کا حوالہ آغا سعید (یہاں ایک مرد افسانہ نگار کی کہانی کا حوالہ جان بوجھ کر دے رہا ہوں) کی ایک چھوٹی سی کہانی 'تضاد' میں دیکھئے۔ لڑکی غیر ملکی ہے۔ کسی مرد نے اُسے پھولوں کی ٹوکری بھیجی ہے۔

"میں کہتی ہوں کہ اِن پھولوں کو بھیجنے کی کیا ضرورت تھی اور تم نے یہ پھولوں کی ٹوکری اور یہ گلابی کارڈ مجھے کیوں بھیجا؟ یہ تو خیریت ہوئی کہ میرے شوہر گھر نہیں تھے، ورنہ قیامت برپا ہو جاتی۔ میں کہتی ہوں کہ تم میرے کون ہو، جو تم نے ایسا کیا؟" یہ مس 'ت' کی آواز تھی۔"

"نہیں، میں آپ سے کوئی چیز قبول نہیں کر سکتی۔ وہ بات محفلوں اور مشاعروں تک ہی ہے۔ میرے شوہر اِس کو پسند نہیں کرتے اور نہ میں پسند کرتی ہوں۔ مجھ سے غلطی ہوئی جو آپ کو بیماری کا بتایا۔ پھر آپ کوئی چیز بھیجنے کی تکلیف نہ کریں اور نہ ہی مجھے فون کریں۔" ___ 'تضاد' آغا محمد سعید

یہ بے باکی کا موضوع نہیں ہے کہ باہر کی خونخوار آزادی اچانک اِن عورتوں کو اپنے

ہی بنائے گئے پنجرے میں رہنے پر مجبور کیوں کر دیتی ہے؟ جبکہ ایشیائی ممالک میں رہنے والیاں اسی پنجرے کو توڑنے میں اپنی تمام صلاحیت خرچ کر دیتی ہیں۔ کیا یہ 'بکنی چولی' کا ڈر ہے، یا تہذیب کے خاتمے کا اثر ہے؟ جیسا کہ کشور ناہید کی کتاب 'بُری عورت کی کتھا' میں اُس کا ایک مستری دوست کہتا ہے ___

"میری ماں برقعہ اوڑھتی تھی، مگر میری بیٹی بکنی پہنتی ہے۔"

کنڈوم تہذیب سے گھبرائے لوگ سیدھے سیدھے اپنی تہذیب یا مذہب کے سائے میں لوٹ آتے ہیں، دیکھا جائے، تو بدلا کچھ بھی نہیں ہے، ہاں، تبدیلی کی آگ کچھ دیر کے لئے بغاوت کی ایک 'چنگاری' کو جنم دے کر پھر سے بجھ جاتی ہے۔ 1903 میں رقیہ سخاوت حسین، 'سلطانہ کا سپنا' لکھتی ہیں، تو ساری بغاوت، مردوں سے لیا جانے والا مورچہ صرف سپنے کی حد تک ہوتا ہے۔ عورت مرد سے بغاوت بھی کرتی ہے، تو سپنے میں ___ رقیہ سخاوت حسین سے اب تک کے 100 برسوں کے سفر میں آج بھی عورت وہیں کھڑی ہے۔

"وہ اپنے جسم کے تنے سے اپنے گرے پتّے اُٹھاتی ہے
اور روز اپنی بند مٹھی میں سسک کے رہ جاتی ہے /
وہ سوچتی ہے
کہ انسان ہونے سے بہتر تو وہ گندم کا ایک پیڑ ہوتی /
تو کوئی پرندہ چہچہاتا تو وہ اپنے موسم دیکھتی /
لیکن وہ مٹی ہے، صرف مٹی
وہ اپنے بدن سے روز کھلونے بناتی ہے /
اور کھلونے سے زیادہ ٹوٹ جاتی ہے۔۔۔ /

وہ کنواری ہے، لیکن ذلت کا لگان سہتی ہے /
وہ ہماری ہے
لیکن ہم بھی اُسے اپنی دیواریوں میں چُن کے رکھتے ہیں /
کہ ہمارے گھر اینٹوں سے بھی چھوٹے ہیں /
___ سارا شگفتہ

وقت بدلا، منظر نامہ بدلا، لیکن کتنی کتنی بدلی ہے یہ مسلم عورت؟ یا تخلیق کی سطح پر بالکل ہی نہیں بدلی ہے؟ نئی صدی نے اُگنے والے سورج کی پیشانی پر لکھ دیا ہے، دہشت گرد ___ تو لہولہان تھا سورج ___ لہولہان تھا مذہب ___ اور لہولہان تھے ایک مذہب کو ماننے والے ___ دیکھتے ہی دیکھتے اسلام دہشت گردی کی علامت بن گیا اور مسلمان دہشت گرد! وقت کے بہتے صفحات پر مسلمان مرد تخلیق کاروں نے دیکھتے ہی دیکھتے اپنے نظریئے تک بدل دیئے۔ اُن کی کہانیوں میں ایک بڑی جنگ اس 'نابرابری' کے جذبے سے بھی ہے۔ اس بڑی جنگ کے خلاف، جہاں ایک پوری جماعت پر دہشت گرد ہونے کی مہر لگا دی گئی ہے ___ مرد افسانہ نگار اِس المیہ کو لے کر تخلیق کا گراں قدر بوجھ اٹھائے پھر رہے ہیں مگر خواتین افسانہ نگاروں میں ایسا لگتا ہے، وہ آج بھی وہیں ہیں، صرف اپنی شناخت، اپنی آئیڈنٹیٹی سے بھڑتی ہوئی ___ شاید وہ اس پورے معاملے پر اس لئے بھی خاموش ہیں کہ ___ بادشاہ تو ننگا ہے / اصلی دشمن تو مذہب ہے۔

☆☆☆

میری کہانیوں کی عورتیں

عورت آج برانڈ بن چکی ہے۔ ایک ایسا برانڈ، جس کے نام پر ملٹی نیشنل کمپنیاں اپنے اپنے پروڈکٹ کو دنیا بھر میں پھیلانے کے لئے عورتوں کی مدد لیتی ہیں۔ چاہے وہ جنیفیر لوپیز ہوں، ایشوریہ رائے یا سشمتا سین۔ سوئی سے صابن اور ہوائی جہاز تک، بازار میں عورت کی مارکیٹ ویلیو، مردوں سے زیادہ ہے۔ سچ پوچھئے تو تیزی سے پھیلتی اس مہذب دنیا، گلوبل گاؤں یا اس بڑے بازار میں آج عورتوں نے ہر سطح پر مردوں کو کافی پیچھے چھوڑ دیا ہے ___ یہاں تک کہ ڈبلیو ڈبلیو ایف میں بھی عورتوں کے حسن اور جسمانی مضبوطی نے صنف نازک کے الزام کو بہت حد تک ردّ کر دیا ہے۔ یعنی وہ صنف نازک تو ہیں لیکن مردوں سے کسی بھی معنی میں کم یا پیچھے نہیں۔ صدہا برسوں کے مسلسل جبر و ظلم کے بعد آج / اگر عورت کا نیا چہرہ آپ کے سامنے آیا ہے تو یقیناً آپ کو کسی غلط فہمی میں رہنے کی ضرورت نہیں ہے۔ عورت آپ اور آپ کی حکومت کی بیڑیاں توڑ کر آزاد ہونا چاہتی ہے ___ اور اب آپ اُسے روک نہیں سکتے۔

سینکڑوں، ہزاروں برسوں کی تاریخ کا مطالعہ کیجئے تو عورت کا بس ایک ہی چہرہ بار بار سامنے آتا ہے۔ حقارت، نفرت اور جسمانی استحصال کے ساتھ مرد کبھی بھی اُسے برابری کا درجہ نہیں دے پایا ___ عورت ایک ایسا 'جانور' تھی جس کا کام مرد کی جسمانی بھوک کو شانت کرنا تھا اور ہزاروں برسوں کی تاریخ میں یہ 'دیوداسیاں' سہمی ہوئی، اپنا استحصال دیکھتے ہوئے خاموش تھیں ___ کبھی نہ کبھی اس بغاوت کی چنگاری کو تو پیدا ہونا ہی تھا۔

برسوں پہلے جب رقیہ سخاوت حسین نے ایک ایسی ہی کہانی 'مرد' کو لے کر لکھی تو مجھے بڑا مزہ آیا۔ رقیہ نے عورت پر صدیوں سے ہوتے آئے ظلم کا بدلا یوں لیا کہ مرد کو، عورتوں کی طرح 'کوٹھری' میں بند کر دیا اور عورت کو کام کرنے دفتر بھیج دیا۔ عورت حاکم تھی اور مرد آدرش کا نمونہ ___ ایک ایسا 'دو پایا مرد'، جسے عورتیں، اپنے اشاروں پر صرف جسمانی آسودگی کے لئے استعمال میں لاتی تھیں۔ میں رقیہ سخاوت حسین کی اس کہانی کا دلدادہ تھا اور بچپن سے کسی بھی روتی گاتی مجبور و بے بس عورت کو دیکھ پانا میرے لئے بے حد مشکل کام تھا ___ سچ پوچھئے تو میں عورت کو کبھی بھی دیو داسی، بڑنی، سیکس ورکر، نگر بدھو، گنیکا، کال گرل یا بار ڈانسر کے طور پر دیکھنے کا حوصلہ پیدا ہی نہ کر سکا۔ بادشاہوں یا راجے مہاراجاؤں کی کہانیوں میں بھی ملکہ یا مہارانی کے 'رول ماڈل' کا میں سخت مخالف رہا۔ میں نہ اُسے شہزادی کے طور پر دیکھ سکا، نہ ملکہ عالم یا مہارانی کے طور پر وہ مجھے مطمئن کر سکیں ___ کیونکہ ہر جگہ وہ مردانہ سامراج کے پنجوں میں پھنسی کمزور اور ابلا نظر آئیں۔ خواہ انہوں نے اپنے سر پر ملکہ کا تاج یا شہزادیوں سے کپڑے پہن رکھے ہوں۔ تاریخ اور مذہب کی ہزاروں برسوں کی تاریخ میں، خدا کی اِس سب سے خوبصورت تخلیق کو میں لاچار، بدحال اور مجبوری کے 'فریم' میں قبول نہیں کر سکتا تھا ___ ایسا نہیں ہے کہ یہ سب لکھ کر میں ان لوگوں کی سخت مخالفت کر رہا ہوں جو عورت کی حمایت میں صفحے در صفحے سیاہ کرتے رہے ہوں۔ ممکن ہے، بلندی پر پہنچی عورت کے لئے وہ اپنی طرف سے بھی ایک لڑائی لڑ رہے ہوں، مگر آج کی زیادہ تر کہانیوں میں یہی عورت مجھے اتنی مجبور و بے بس نظر آتی ہے، جیسے آپ بیچ سڑک پر اُسے ننگا کر رہے ہوں ___ چلئے مان لیا۔ بے حد مہذب، آزاد ہندستان کے کسی گاؤں، قصّبے میں ایک ننگا ناچ ہوتا ہے ___ اجتماعی عصمت دری یا کوئی بھی ایسا جرم سرزد ہوتا ہے، جس میں ایک کمزور، بے سہارا عورت کا

دامن تار تار ہو جاتا ہے۔ میرے کہنے کا مطلب یہی ہے، ایک بار وہ اپنی عصمت دری کا ماتم کر چکی ہے۔ یہ کیسی فنکاری ہے کہ بار بار ایک جھوٹی تخلیق کے لئے آپ اس کو مزید عریاں کرنے میں جٹے ہوئے ہیں ___ شاید زمانہ قدیم سے ہندی اور اردو کہانی کا یہی سب سے بہتر موضوع رہا ہے۔ جسے آزادی کے بعد کی ترقی پسندی نے بھیانک، دانشورانہ انداز میں سعیٔ کی ہے۔ ایسا نہیں ہے کہ بہار، اتر پردیش، مدھیہ پردیش، راجستھان یا ہندستان کے قبائلی علاقوں یا گاؤں میں نکل جائے تو وہاں ایسے حادثے نہ ہوتے ہوں ___ لیکن بے حد ذائقہ دار انداز میں اُنہیں پیش کرنا بھی عریانیت کی حدود پار کرنا ہے۔ ہماری کہانیاں مادام باواری یا اناکارنینا کی سطح پر ہے۔ عورت کو دیکھنے سے ہمیشہ گریز کرتی رہی۔

ایسا کیوں ہے، یہ میری سمجھ میں آج تک نہیں آیا ___ لولیتا سے دی اسکارلیٹ لیٹر تک، ایسا نہیں ہے کہ عورتوں کے ساتھ ہونے والے ظلم اور استحصال کے خلاف وہاں نہیں لکھا گیا، مگر مغرب میں ادب سے متعلق زیادہ تر موضوعات کا محور یا مرکز صرف یہ جسمانی استحصال نہیں ہے۔ لیکن ہمارے یہاں اردو ہندی دونوں زبانوں میں محض ایک کمزور اور ظلم سہتی ہوئی عورت کا تصور ہی رہ گیا ہے ___ کیا آج ایسا ہے ___؟ صرف چھوٹے موٹے گاؤں، قصبوں میں ہونے والے واقعات کو درکنار کیجئے ___ آپ کہہ سکتے ہیں، بڑے شہروں میں بھی اس طرح کے واقعات عام ہیں ___ جیسے سیکس اسکنڈلس سے لے کر عورتوں کو زندہ جلائے جانے تک کی داستانیں ابھی بھی مہذب دنیا کا مذاق اُڑانے کے لئے کافی ہیں ___

دوستو۔ اس حقیقت کو تسلیم کئے جانے کے باوجود مجھے احساس ہے کہ یہ وہ موضوعات ہیں جنہیں پریم چند سے منٹو اور منٹو سے سلام بن رزاق تک ہزاروں لاکھوں بار دہرایا جا چکا ہے ___ اور اس سے بھی بڑا ایک سچ ہے کہ نئے ہزارہ کا سورج طلوع

ہونے تک عورت نے اپنی ہر طرح کی بیڑیاں توڑ کر آزاد ہونے کی بھی ہر ممکن کوشش کی ہے۔ جہاں تک میری بات ہے، نہ میں اُسے غلام دیکھ سکتا ہوں، نہ کمزور ___ نہ وہ مجھے شاہ بانو کے طور پر قبول ہے اور نہ ہی عمرانہ کے طور پر ___ میں اُس پر قدرت کی صناّعی دیکھتا ہوں اور یہی چیز میرے ادب کے لئے نئی نئی فنتاسیوں کو جنم دے جاتی ہے ___

یعنی وہ ہے ایک پُراسرار ترین مخلوق ___

رائیڈرز، ہیگرڈ کی 'شی' کی طرح ___ ایک چونکا دینے والی حقیقت ___

'جسم ___ 'جسم سے جسم تک ___ وہ ایک آگ ہے، شرارہ ہے۔ وہ اپنی خوبصورتی اپنے جمال سے آپ کو 'بھسم' کر دینے کی صلاحیت رکھتی ہے ___

تو آپ اپنی کہانیوں میں اس عورت کو کیوں نہیں تلاش کرتے!

میرے ساتھ مشکل یہی ہے کہ میں عورت کے لئے ہمدردی کا بوجھ نہیں اُٹھا سکتا۔ میرے سامنے اُسے دیکھنے اور محسوس کرنے کے لئے دوسرے فریم بھی ہیں۔ میں عورت کو صرف مرتے ہوئے نہیں دیکھ سکتا ___ وہ مجھے فنتاسی کے لئے اتنی مناسب معلوم ہوتی ہے کہ یہ نام آتے ہی کسی دوسری دنیا کی مخلوق یا جنت کے دروازے یا 'پری لوک' کا تصور سامنے آجاتا ہے۔ وہ محبت بھی کرتی ہیں اور ایسی محبت کہ اُس کی محبت کے آگے نہ صرف سجدہ کرنے کی خواہش ہوتی ہے بلکہ آپ سوبار مر کر سوبار زندہ ہوسکتے ہیں۔ وہ ایک نہ ختم ہونے والا 'اسرار' ہے۔ اُس کی خوبصورتی آپ الفاظ میں قید نہیں کر سکتے۔ اُس کا نشیلا لچکدار جسم آپ کے سارے تصوراتوں سے زیادہ شیریں اور غیر یقینی کی حد تک آپ کے الفاظ کو کھوکھلا اور بے معنی بناتا ہے، کیونکہ وشوامتر کی اس مینکا کو آپ الفاظ کے ذریعہ باندھ ہی نہیں سکتے۔ یعنی، عورت ہر بار میرے لئے طلسم ہوشربا کی ایک ایسی ساحرہ بن کر آتی ہے جسے پلٹ کر دیکھنے والا انسان پتھر کا ہو جاتا ہے۔ ناقابل یقین، حسن کا مجسمہ

اور تخلیقی محرکات کے لئے ایک بیش قیمت تحفہ۔

وہ ندی بھی ہے اور نہیں بھی ہے۔ کوئی سونامی لہر، کوئی جوار بھاٹا، کوئی سیلاب شرارہ، سیلاب، جھومتا گاتا آبشار۔ وہ سب کچھ ہے اور نہیں بھی ہے۔ وہ ایک کبھی نہ ختم ہونے والی 'پری کتھا' ہے۔ وہ دنیا کی ساری غزلوں، نظموں سے زیادہ خوبصورت اور 'پُراسرار بلا' ہے۔ جو آج کی ہر تلاش و تحقیق کے ساتھ نئی اور نئی اور پُراسرار ہوتی چلی جاتی ہے۔

اسی لئے اپنی کہانی 'کاتیائین بہنیں' لکھتے ہوئے، مجھے شروعات میں ان الفاظ کا سہارا لینا پڑا ___

"قارئین! کچھ کہانیاں ایسی ہوتی ہیں جس کا مستقبل مصنف طے کرتا ہے۔ لیکن کچھ کہانیاں ایسی بھی ہوتی ہیں جن کا مستقبل کہانی کے کردار طے کرتے ہیں۔ ایسا اس کہانی کے ساتھ بھی ہوا ہے۔۔۔ اور ایسا اس لئے ہوا ہے کہ اس کہانی کا موضوع ہے۔۔۔ 'عورت' ___ کائنات میں بکھرے ہوئے تمام اسرار سے زیادہ پُراسرار، خدا کی سب سے حسین تخلیق ___ یعنی اگر کوئی یہ کہتا ہے کہ وہ عورت کو جان گیا ہے تو شاید اُس سے زیادہ گھامڑ اور شیخی بگھارنے والا یا اس صدی میں اتنا بڑا جھوٹا کوئی دوسرا نہیں ہو سکتا۔ عورتیں جو کبھی گھریلو یا پالتو ہوا کرتی تھیں۔ چھوٹی اور کمزور تھیں۔ اپنی پُراسرار فطرت یا مکڑی کے جالے میں سمٹی، کوکھ میں مرد کے نطفے کی پرورش کرتیں۔ صدیاں گزر جانے کے بعد بھی وہ محض بچہ دینے والی ایک گائے بن کر رہ گئیں تھیں ___ مگر شاید صدیوں میں مرد کے اندر دہکنے والا یہ نطفہ شانت ہوا تھا یا عورت کے لئے یہ مرد آہستہ آہستہ بانجھ یا سرد یا محض بچہ پیدا کرنے والی مشین کا محض ایک پُرزہ بن کر رہ گیا تھا۔۔۔ تو یہ اس کہانی کی تمہید نہیں ہے کہ عورت اپنے اس احساس سے آزاد ہونا چاہتی ہے۔۔۔ شاید اسی لئے

اس کہانی کا جنم ہوا۔۔۔ یا اس لئے کہ عورت جیسی پُر اسرار مخلوق کو ابھی اور کُریدنے یا اُس پر تحقیق کرنے کی ضرورت ہے۔ ہم نے ابھی بھی مہذب دنیا میں اسے صرف پاک ناموں اور رشتوں میں جکڑ رکھا ہے۔" ___ کاتیائین بہنیں

کاتیائین بہنوں کی اپنی الگ دنیا تھی۔ دو عورتوں کی اپنی دنیا۔ لیکن اچانک غلطی سے چھوٹی کاتیائن کی دنیا میں ایک مرد آجاتا ہے جب کہ بڑی کاتیائین کا خیال تھا ___

"سنو، ریتا کاتیائین اپنی عمر کو دیکھو۔ مرد کب کا اس تندور کو ٹھنڈا کر چکا ہوتا ہے۔ مگر دیکھو ___ تم لاش گھر نہیں ہو ___ برف گھر بھی نہیں ___ تم تو جلتا ہوا تندور ہو۔"

ایسا نہیں ہے کہ لیسبین عورتوں پر کہانیاں نہیں لکھی گئیں ___ لیکن یہاں معاملہ دوسرا تھا۔ ساٹھ سال کی عمر میں پہنچی ہوئی دو عورتیں۔ لیکن Against Nature مجھے کچھ بھی پسند نہیں۔ اس لئے عورت کے اس بدلے ہوئے مزاج پر مجھے اپنا اعتراض درج کرانا پڑا۔

"اچانک چھوٹی کاتیائین کے منہ سے ایک تیز چیخ نکلی۔ نائٹی کے تمام ہُک 'اُنہوں نے کھول ڈالے تھے۔ آئینے میں ایک سہما، بے ڈھنگا جسم مردہ پڑا تھا۔ وہ بوکھلاہٹ میں چیختی ہوئی بڑی کاتیائین کی طرف بڑھی۔۔۔

"آگ کہاں ہے؟ میرے جسم کی آگ کیا ہوئی؟"

"بڑی کاتیائین ایسے چپ تھی، جیسے اُس نے کچھ سنا ہی نہیں ہو ___ سنو، میرے اندر۔۔۔ تم نے تو کہا تھا۔۔۔ چھوٹی کاتیائن کی نظریں جیسے مدتوں بعد بڑی کاتیائین کی آنکھوں میں سمائی جارہی تھیں ۔۔۔ یاد ہے۔۔۔ تم نے ہی کہا تھا، آہ تم اب بھی ویسی ہو۔۔۔ بالکل ویسی ریتا کاتیائین۔۔۔ مرد اس تندور کو کب کا ٹھنڈا کر چکا ہوتا ہے۔۔۔" وہ پھر چیخی۔۔۔ "آگ کہاں ہے، میرے اندر کی آگ کہاں ہے۔۔۔؟"

بڑی کاتیائین کا چہرہ ہر لمحہ تیزی سے بدل رہا تھا۔
"تم۔۔۔تم سن رہی ہو۔ میں۔۔۔میں کیا پوچھ رہی ہوں۔۔۔؟"
کافی دیر بعد بڑی کاتیائین کے بدن میں حرکت ہوئی۔۔۔اُس نے چھوٹی کی جلتی آنکھوں کی تاب نہ لا کر نظریں جھکا لیں۔
"آگ تو میرے پاس بھی نہیں ہے۔"
بڑی کاتیائین کے لفظ ٹھنڈے ہو چکے تھے۔"
___کاتیائین بہنیں

ماں، ماں ہوتی ہے۔ بہن کی ایک پاکیزہ اور مقدس دنیا ہوتی ہے۔ بیوی کی دنیا ایک الگ دنیا ہوتی ہے۔ ان سب نے صرف پاکیزہ رشتے اوڑھے ہوتے ہیں، عورت کا جسم نہیں۔ ان رشتوں میں کہیں جسم کا تصور نہیں آتا (ممکن ہے، بیوی کے رشتہ میں آپ اس جسم کو تلاش کرنے کی کوشش کریں لیکن حقیقت یہ ہے کہ عورت سے بیوی بنتے ہی اُس میں شر دھا اور تقدس کے پھول بھی کھل اٹھتے ہیں)۔ وہ تصور جو اچانک 'عورت' کہتے ہی، آپ کے آگے ایک خواب رنگوں والے اندر دھنش کی خوبصورتی بکھیر دیتی ہے۔ اس لئے عورت کے نام کے ساتھ ان پاکیزہ رشتوں کا تصور نہیں آتا۔ صرف ایک دل کو لبھانے والا جسم، یعنی ایک ایسا جھنجھنا کر بجنے والا جسم، جس کے صرف خیال سے آپ کسی ہوائی گھوڑے پر سوار ہو جاتے ہیں۔ شاید اسی لئے میری کہانیوں کی عورتیں محدود دائرے میں قید نہیں رہیں۔ وہ اپنی شناخت کے لئے کچھ بھی کر سکتی تھیں۔ یاد آیا، ایک کہانی تھی___بارش میں ایک لڑکی___زندگی میں وقوع پذیر ایک سچا واقعہ کو میں نے فکشن کا لباس پہنایا تھا۔ حقیقت میں عورتوں سے متعلق بڑی بڑی باتیں کرنے کے باوجود ہم وہیں ہوتے ہیں___اپنی تنگ نظری کا دھواں پیتے ہوئے۔

"عورت" ___ ہزاروں برسوں کے اس سفر میں کہاں کھو گئی ہے عورت؟ پہلے بھی کہیں تھی یا نہیں ؟ قدیم گرنتھوں میں دروپدی، کُنتی، سیتا، ساوتری، پاروتی، دمینتی، شکنتلا، میتری وغیرہ ___ عزت سے پکاری جانے والی، الفی کے آخر تک لکس کا عریاں اشتہار کیسے بن گئی؟ یا وہ اشتہار نہیں بنی۔ 'لرل' اور 'لکس' کے اشتہاروں سے آگے نکل کر اور بھی مورچے سنبھالے ہیں اس نے ___ کہا جائے تو ایک پڑاؤ W.W.F. بھی ہے۔ آنے والے ملینیم میں کہاں ہو گئی یہ عورت ؟

مجھے یاد نہیں، میں نے اپنی گفتگو میں کیا کیا جوڑا تھا۔ مگر ___ شاید! مجھے یاد کرنے دیجیے۔ ہمیشہ کی طرح میں الفاظ کی لہروں میں بہہ گیا تھا۔ میں نے بات عورت کی 'آئیڈینٹٹی" یا" آئیڈینٹی کرائسس' سے شروع کی تھی۔ میں بڑی بڑی فلسفیانہ قسم کی باتوں میں الجھنا نہیں چاہتا تھا، اس لئے میں نے ٹو دی پوائنٹ مختصر میں اپنے نظریئے لوگوں کے سامنے رکھے تھے۔ یعنی کیوں ہے عورت میں یہ 'آئیڈینٹی کرائسس' __ ؟ پہلے باپ کا گھر، باپ کے نظریئے پر سنبھل سنبھل کر پاؤں رکھنے والی بیٹی، یہاں سے باہر جب وہ پرائے گھر میں بھیج دی جاتی ہے، یعنی شوہر کا گھر۔ شوہر کے نظریئے۔ باپ اور شوہر کے الگ الگ نظریئے کو ماننے پر مجبور عورت کی اپنی آئیڈینٹٹی کہاں باقی رہتی ہے؟ اگر ابھی وہ اپنی یعنی سیلف آئیڈینٹٹی کے لئے لڑنا چاہتی ہے تو __ نہیں ! اُف، سماج میں انجنا مشرا جیسی متعدد مثالیں موجود ہیں۔ کیا غلطی پہلی بار وہاں نہیں ہوتی، جب وہ اپنے شوہر کا آدھا نام اوڑھ لیتی ہے۔ یعنی، اگر وہ سیما ورما ہے اور شادی کسی راجن شریواستو سے ہوتی ہے تو، وہ سیما ورما سے اچانک سیما شریواستو ہو جاتی ہے۔ کیوں ؟ وہ صرف اپنی پہچان نہیں بدلتی، شاید انجانے میں بہت کچھ کھو دیتی ہے۔ پھر کھونے اور بدلنے کا ایک لمبا سلسلہ مسلسل چل پڑتا ہے۔۔۔

بارش میں ایک لڑکی سے بات چیت

اسی کے بعد ٹکرائی تھی، وہ بارش والی لڑکی۔ کیا حقیقت میں مرد ایسا سوچتا ہے ____ یا ایسی سوچ صرف باہری میز کی پیداوار ہے۔ آدرش اور ہیرو بن جانے کے لئے ____ وہ مرد کی زندگی میں سیندھ لگاتی ہے اور آخر اُس سچائی کا راز جان لیتی ہے۔

'وہ مسکرا رہی تھی ____ مجھے کبھی بُرا نہیں لگا۔ میں جو سوچتی ہوں، وہ حقیقت میں نہیں ہوتا۔ ہم آخر تک تیار رہتے ہیں کسی بڑی آئیڈیالوجی کے دھماکے کے لئے۔'

وہ کراس ورڈس سے کھیلتی ہے۔ کیونکہ وہ خود میں ایک کراس ورڈس تھی ____ جہاں مناسب لفظ چننا آسان نہیں ہوتا۔ شاید اسی لئے کہانی کے آخر میں وہ اپنے آدرش مرد سے کہتی ہے ____

'کیوں ____ ڈر گئے تم کہ میں تم پر ایک گولی برباد کر دوں گی۔۔۔ وہ فاؤنٹین پین لے کر پورے وجود کے ساتھ کراس ورڈس پر جھک گئی تھی۔'

آپ کیسے کہہ سکتے ہیں کہ یہ لڑکیاں آپ کے گاؤں، قصبے یا شہر، محلے کی نہیں۔ کبھی خاموشی سے ان کو گفتگو کرتے ہوئے سنئے۔ یہ سب آپ کو طلسم ہوشربائی، بے حد پُراسرار دنیا کی پریاں ہی لگیں گی اور مجھے ہر بار، ان میں نئی نئی دنیائیں نظر آ جاتی ہوں، تو اس میں میرا کیا قصور۔

سچی آزادی کے لئے

'خدائے ستّار

عصمتوں کو ہزار پردے میں رکھنے والے /

صفات میں تیری عدل بھی ہے /

تو پھر میرے اور میرے محرم کے بیچ

تفریق کا سبب کیا___؟'

___عشرت آفریں

ادب تحریر کرنے والی عورتوں کے لئے ایسے سوال کوئی نئے نہیں ہیں۔ کہ اے خدا، اگر تو انصاف پسند ہے تو مرد اور عورت کے درمیان اتنا فرق کیوں؟ اسی لئے آج کی عورت جب اڑان کے لئے اپنے پر کھولتی ہے تو کبھی کبھی 'جونا تھن سی گل' کی طرح اپنے دائرے کو توڑتی ہوئی آگے بڑھ جاتی ہے۔ ہم اُسے تسلیمہ یا کسی بھی نام سے پکاریں لیکن آخر اسے ایسا کرنے کا حق بھی ہم نے ہی دیا ہے۔

میری ایک کہانی تھی ___ صدی کو الوداع کہتے ہوئے۔ ریا کے کردار کو گڑھتے ہوئے میں خاصی الجھن کا شکار تھا۔ چودہ برس کی ایک لڑکی۔ نئ الفی کی شروعات میں ابھی چند لمحوں کی دیر ہے اور ریا کو پتا چلتا ہے کہ ___

"کیا ریا کے بارے میں ایسا کہا جانا صحیح ہے؟ شاید نہیں (یہاں ایک تخلیق کار کی حیثیت سے میں اپنا اعتراض درج کرنا چاہوں گا)۔۔۔ ریا دادی نانی سے چپکی، طلسمی کہانیاں سننے والی ریا، نہیں ہے۔ یہ ریا آج میں جنمی ہے۔ ان تین کروڑ برسوں میں یا شاید جیسا اب ہے، کوئی ریا خرگوش جیسی نرم اور ہرنی کی طرح قلانچیں بھرنے والی نہیں ہو سکتی۔"

___صدی کو الوداع کہتے ہوئے

حقیقت میں ایک نئ تہذیب، سنامی لہروں کی طرح عورت کے ذہنی اعصاب پر سوار ہے۔ لیکن ہمیں فی الحال تبصرے کا اختیار نہیں۔ ہاں، دیکھنا یہ ہے کہ وہ اپنی آزادی کے اس ہتھیار کا استعمال کب، کہاں اور کیسے کرتی ہے۔ جیسے اسی کہانی میں ریا کی ماں نے، ریا کا مستقبل پہلے سے ہی سوچ رکھا تھا ___

"ریا ابھی بھی بچی جیسی نظر آتی ہے؟" رما کی آنکھوں کے کنول مرجھا گئے تھے۔

"بچی ہے تو بچی جیسی ہے۔۔۔" لیکن دیتیہ کار 12 سالہ ریا کو دیکھتے ہوئے ڈر گئے تھے۔۔۔

"نہیں۔ "ریا کے لہجے میں تیزی اور کڑواہٹ تھی۔۔۔ "میں یہی کہہ رہی ہوں کہ۔۔۔ اُسے بچی جیسی نہیں دکھنی چاہئے۔"

"لیکن کیوں؟" دیتیہ کار کے لہجے میں ڈر کوند گیا۔

"کیونکہ بچی لگنے میں اس کا نقصان ہے۔ اس کا کیریر، اُس کا مستقبل؟"

دیتیہ کار کے اندر بیٹھے باپ نے مورچہ سنبھالا۔۔۔ "بارہ سال کی عمر کے بچے پڑھتے ہیں۔ بارہ سال کی عمر میں مستقبل کہاں سے آگیا۔

"اس لئے کہ۔۔۔ "رما کے ہونٹ جکڑ گئے تھے۔ 'جو غلطی ہم سے ہوئی۔ ہمارے بچوں سے نہیں ہونی چاہئے۔۔۔ کیونکہ یہی عمر ہے اب۔۔۔"

دیتیہ کار ڈر گیا تھا۔

"ڈرو مت۔ میں جو کروں گی، ریا کی بھلائی کے لئے کروں گی۔"

"لیکن تم کرو گی کیا؟ کیا ریا کو جوان کر دو گی۔۔۔ اُس کے مستقبل کے نام پر۔۔۔" دیتیہ کار کو لگا تھا کہ رما کو اس طنز پر ہنسنا چاہئے۔ مگر رما سنجیدہ تھی۔

"ہاں، میں اُسے جوان کر دوں گی۔

میں ریا کو ہارمونس کے انجکشن دلاؤں گی۔"

صدی کو الوداع کہتے ہوئے

یہ مت بھولئے کہ صدیوں کے ظلم اور مردوں کی غلامی سے نجات کے بعد، اپنی آزادی کا استعمال کرتے ہوئے وہ اپنی ایک نئی دنیا بھی بنا سکتی ہے۔ اس نئی دنیا کو تنگ

نظری کی آنکھوں سے مت دیکھئے ___ وہ اڑنا چاہتی ہے تو اِ اُڑان کے نتیجے میں کچھ 'حادثے' بھی ہوسکتے ہیں ___ مگر یہاں سب سے اہم بات یہی ہے کہ وہ اب اپنی اُڑان کے لئے مکمل طور پر آزاد ہے ___ اسی لئے میں نے اپنی اس کہانی کے لئے ایک ایسے وقت کا انتخاب کیا جب پرانی ملینیم رخصت ہو رہی تھی اور نئی ملینیم کی 'عورت' بس سامنے آنے والی تھی۔ میرے لئے یہ کوئی چونکنے والی بات نہیں تھی، کہ صدیوں سے استحصال کا بوجھ اٹھاتی عورت اپنے وجود، اپنے جسم اور اپنے حقوق کی لڑائی لڑتے ہوئے کہاں کہاں لہولہان یا شکست کی سامنا کر سکتی ہے یا پھر کہاں کہاں وہ مردوں کو شکست دے سکتی ہے۔

"اس سلسلے میں کئی معمولی قسم کے چھوٹے چھوٹے حادثے ہوتے رہے۔۔۔ جیسے 'ماڈلنگ' کے لئے رمانے ایڑی چوٹی کا زور لگا دیا۔۔۔ جیسے نیلامبر نے دھیرے دھیرے گھر آنا بند کر دیا۔۔۔ جیسے ریا خاموش رہنے لگی۔ لمبی گہری اداسی، جو کسی صدمے سے جنمی ہو یا جو ڈپریشن کے مریضوں کے لئے عام بات ہے۔۔۔ اس لمبی گہری اداسی کے پیچھے وہ لگاتار رما کی شکست دیکھ رہا تھا۔ اسے یقین تھا کہ دنیا گول ہے لیکن یہ یقین نہیں تھا کہ رما عورت کی جون میں کبھی واپس بھی آسکتی ہے ___ یا تو یہ مکمل شکست تھی یا پھر اُس حادثے کا وہ آخری صفحہ، جہاں نیند کی کئی گولیاں نگل کر ریا نے خودکشی کی کوشش کی تھی۔ تو کیا چڑیا انڈا توڑ کر باہر نکل آئی تھی۔۔۔؟

___ صدی کو الوداع کہتے ہوئے

بالزاک نے کہا تھا ___ شادی شدہ عورت غلام سے بھی بدتر ہے۔ میری کہانی 'باپ بیٹا' یوں تو باپ، بیٹے کی کہانی تھی، مگر کسی 'غلام' کی طرح افسردگی کی چادر اوڑھے 'ماں' بھی اچانک ہی اس کہانی کا ایک کردار بن جاتی ہے۔ ایک جوان بیٹے کی موجودگی کے باوجود بھی باپ کی زندگی میں ایک لڑکی آجاتی ہے۔ کچھ کچھ اس کے بیٹے کے عمر کی۔ بھاگتی

دوڑتی مشینی زندگی میں اندر کے سناٹے کو کم کرنے کے لئے باپ اس لڑکی کی قربت پانا تو چاہتا ہے، مگر باپ کو اُس عورت کا بھی احساس ہے، جس نے برسوں اس کا ساتھ دیا ہے اور جو اس کے بیٹے کی ماں بھی ہے ___ لیکن شاید بیوی کی افسردگی یا اندر کے خالی پن نے ایک چور لمحے اسے اُس لڑکی کے قریب کھڑا کر دیا ___

"باپ ان دنوں عجیب حالات سے دوچار تھا۔ باپ جانتا تھا کہ ان دنوں جو کچھ بھی اس کے ساتھ ہو رہا ہے، اس کے پیچھے ایک لڑکی ہے۔ لڑکی جو پنکی کی عمر کی ہے۔ یہاں تک کہ باپ جیسا اسٹیٹس (Status) رکھنے والوں کے لئے اس طرح کی باتیں کوئی خبر نہیں بنتی ہیں، مگر باپ کی بات دوسری تھی۔ باپ اس معاشرے سے تھا، جہاں ایک بیوی اور ایک خوشگوار گھریلو زندگی کا ہی سکہ چلتا ہے۔ یعنی جہاں ہر بات کسی نہ کسی سطح پر خاندانی پن سے جڑ جاتی ہے۔ زندگی کے اس الجھے ہوئے لمحے سے گزرتے ہوئے باپ کو اس بات کا احساس ضرور تھا کہ وہ لڑکی یوں ہی نہیں چلی آئی تھی۔ دھیرے دھیرے ایک ویکیوم یا خالی پن اس میں ضرور سما گیا تھا جس کی خانہ پری کے لئے کسی چور دروازے سے وہ لڑکی، اس کے اندر داخل ہو کر اس کے ہوش و ہواس پر چھا گئی تھی۔

___ باپ اور بیٹا

باپ کی زندگی میں جوار بھاٹا آتا ہے، لیکن بیوی اس جوار بھاٹا کو نہیں پہچان پاتی۔ بیٹا اس سے پوچھتا ہے کہ اگر باپ کی زندگی میں کوئی دوسری عورت آجائے تو؟

بالزاک کے لفظوں میں کہیں تو ایسی غلام عورتیں 'سوائے مستقبل کے اور کسی پر بھی یقین نہیں کرتیں ___ اس لئے میری یہ کہانی ماں کے اردگرد نہ گھوم کر بیٹے کی ماڈرن محبوبہ کے چاروں طرف گھومتی ہے، جسے باپ کے بدلے ہوئے نفسیات میں بھی کچھ بھی چونکنے جیسا نہیں لگتا ___

ہاں، بیٹے کی محبوبہ کو دھکا اُس وقت لگتا ہے، جب وہ سنتی ہے کہ باپ کی زندگی سے وہ لڑکی دور جاچکی ہے۔ کیونکہ باپ کی موت کے بعد ماں کی زندگی میں آئے ہوئے مرد کے لئے، ماں کی بے رُخی وہ پہلے ہی دیکھ چکی تھی۔ وہ ماں کے فیصلے سے خوش نہیں تھی اور اب وہ 'بیٹے' کے باپ کے فیصلے پر اپنی ناراضگی کی مہر لگاتی ہے۔

"باپ نارمل ہو چکا ہے۔"

بیٹے نے اس کہانی کا کلائمکس لکھتے ہوئے کہا_____

"کیا؟" لڑکی چونک گئی تھی۔

"ہاں، اُس میں توازن لوٹ آیا ہے، وہ برابر ہنستا ہے یعنی جتنا ہنسنا چاہئے وہ برابر برابر۔۔۔ یعنی اتنا ہی مسکراتا ہے، جتنا مسکرانا چاہئے اور کبھی کبھی کسی ضروری بات پر اتنا ہی سنجیدہ ہو جاتا ہے، جتنا۔۔۔

"یعنی وہ لڑکی اُس کی زندگی سے دور جاچکی ہے۔"

"یا اُسے باپ نے دور کر دیا۔"

____(باپ اور بیٹا)

'مرد' میری ایک مختلف کہانی ہے۔ ایک گھر ہے، جہاں ایک بوڑھی عورت ایک چھوٹی سی بچی کے ساتھ رہتی ہے۔ اس کے ٹھیک سامنے ایک گھر ہے جہاں کرائے دار آنے والے ہیں۔ بوڑھی عورت، بچی کو اسٹول پر چڑھا کر، کھڑکی سے سامنے والے گھر میں دیکھنے کو کہتی ہے۔ اُسے مردوں سے نفرت ہے۔ ایک دن بچی بتاتی ہے کہ سامنے گالے گھر میں مرد آگئے ہیں۔ بوڑھی عورت کا تجسس ہر بار ایک نئی کہانی کو جنم دے جاتا ہے۔ دراصل مرد کے بہانے میں نے عورت جیسی پہیلی کو سمجھنے کی کوشش کی تھی۔

"لوگ عورت کو پہیلیاں کہتے ہیں۔ لیکن۔۔۔ پہیلیاں تو مرد ہے۔۔۔ اس کے وجود

کا کھردرا پن اپنے آپ میں ایک پہیلی ہے اور اس کھردرے پن میں جو نرمی ہے، وہ۔۔۔ عورت کہاں سے لائے۔۔۔؟

____ مرد

بوڑھی عورت کی زندگی میں آنے والا مرد مزاج سے جنگلی تھا۔ نفرت کرنے کے باوجود، سامنے والے گھر میں ہونے والی ہر ہلچل پر بوڑھی عورت کے ماضی کے دروازے کھل جاتے ہیں۔ ہاں، پہلی بار اپنے بچوں کی موت پر اس نے مرد کو روتے ہوئے پایا تھا۔ وہ بھی اس طرح کہ کسی کو بھی خبر نہ ہو۔ لیکن عورت کی اپنی تلاش کا آسمان اتنا گھنا ہوتا ہے، کہ اُسے پہچان پانا آسان نہیں۔ تبھی تو یکایک تانیہ وہ منظر دیکھ کر چونک جاتی ہے۔

"، تھالی لے کر واپس آتے ہوئے ایک عجیب سا منظر سامنے تھا۔ اماّں کسی طرح اسٹول پر چڑھنے میں کامیاب ہوگئی تھیں اور گردن اُچکا اُچکا کر سامنے والے فلیٹ میں کچھ دیکھنے کی کوشش کر رہی تھی۔

____ مرد

'بھنور میں ایلیس' میری ایک مختلف کہانی تھی۔ کینسر پیشنٹ ایلیس عام عورت ہو کر بھی اندر سے بے حد مضبوط اور صابر عورت ہے۔ اس بات کا احساس ہو جانے کے بعد کہ اُسے کینسر ہے، وہ جینا بند نہیں کرتی۔ بلکہ باقی بچے ہوئے وقت میں کئی زندگیوں کا 'امرت' پی جانا چاہتی ہے۔ شوہر اسے لے کر پریشان تو ہے، لیکن رات میں 'کامنی' بنی ایلیس کو دیکھ کر اس کا شوہر تعجب میں پڑ جاتا ہے۔

"بس اپنی موجودگی کا گواہ رہنے تک۔" اس نے انگلیوں کا رقص پہلے کی طرح جاری رکھتے ہوئے کہا ____ آج تم وہی کروگے جو میں چاہوں گی۔ اس کے بعد نہ میں چاہوں گی اور نہ اس کے لئے موجود رہوں گی ____ ہاں تم ہوگے تمہاری دنیا ہوگی اور تم اپنی

ضرورتوں کے لئے آسمان میں سیر کرتی چڑیوں کی طرح آزاد ہو گے چلو مجھے سیر اب کرو۔۔۔"

پھر وہ کسی ناگن کی طرح لہرائی، سمندر کی طرح گرجی اور کسی سیلاب زدہ ندی کی طرح بہتی چلی گئی۔

بھنور میں ایلیس

ایلیس چلی جاتی ہے۔ ہمیشہ کے لئے۔ لیکن ایسے جیسے بہار آتی ہے۔ خزاں آتی ہے اور دنیا چلتی رہتی ہے۔ ایسے بازار کے موسم میں کوئی بھی پہلے کی طرح اب اس خزاں یا بہاروں کا حساب نہیں لگانا چاہتا۔ میں دراصل عورت کے اس نئے چہرے کو دیکھنا چاہتا تھا۔ لمحہ لمحہ پاس آتی موت کے بعد بھی ایک نڈر اور بے باک عورت کی سچی تصویر میرے ذہن پر چھائی ہوئی تھی۔

"میں دیکھنا چاہتی تھی۔۔۔ اس لئے اس کے بارے میں دسیوں طرح کے پُراسرار تصور آنکھوں میں سجائے تھے۔۔۔ میں جینے کی طرح جی اور مرنے کی طرح مر گئی۔ میں اپنے سانس سانس کو بٹور کر اس میں زندگی رکھ کر جینا چاہتی تھی۔۔۔ مرنے سے پہلے میں پیاسی نہیں رہنا چاہتی تھی۔۔۔ مجھے خوشی ہے میں پیاسی نہیں رہی۔ میں نے شاہانہ کو کبھی بے بس اور لاچار نہیں سمجھا۔۔۔ اس لئے کبھی اسے اُپدیش نہیں دیا___ کسی کے چلے جانے سے کوئی بدنصیب نہیں ہو جاتا۔۔۔(کاٹی ہوئی لائین)۔۔۔ زندگی جس کے پاس ہے۔۔۔(پھر کٹی ہوئی)۔۔۔ اس میں اس کے ہونے کا احساس ہی اس نیاّ کو پار لگا سکتا ہے۔ (حرف موٹے ہو گئے ہیں) ایک انجانے سفر پر نکلتے ہوئے اپنی خواہش کو زندہ رکھنا چاہتی ہوں میں یا یوں کہیں کہ میں چاہتی ہوں۔۔۔ • کچھ سطور کاٹی ہوئی) پتہ نہیں انجانے سفر میں انسان کو کیسا لگتا ہو گا اور یہی چیز مجھے مطمئن کر رہی ہے۔"

___ بھنور میں ابلیس

'حیران مت ہو سنگی مترا' میں عورت کا ایک نیا روپ میرے سامنے تھا۔ ایک پیار کرنے والی بیوی، شوہر کے لئے نچھاور ___ چھوٹے شہر سے میٹروپولیٹن شہر میں قدم رکھنے کے بعد سپنا کہیں ٹوٹتا ہے کیا ___ ؟ سنگی مترا حیران ہوتی ہے ___ جواب کے لئے مجھے دور نہیں جانا پڑا۔ وہی مردوں کے بارے میں جہاں اس کی اپنی آئیڈیالوجی ٹوٹتی یا نئی بنتی ہے ___ ؟ کھینچی ہوئی لکیر کے برابر اچانک ایک ٹیڑھی، مُڑی ہوئی بڑی لکیر آجاتی ہے اور سارے مردوں کے بارے میں یکایک نظریئے کا دھماکہ ہوتا ہے۔

"اس نے ٹھنڈی سانس بھری اور اندرونی چنگاریوں کو ایک ایک کر کے نکالنا شروع کیا ___ "میں پاگل ہو رہی ہوں جسدیو۔۔۔ جو پوچھتی ہوں اُس کا خیال مت کرنا۔ صحیح صحیح جواب دینا۔۔۔ دیکھو میری خاطر کچھ چھپانا نہیں۔ تم مردوں سے یقین اٹھتا جارہا ہے میرا۔۔۔ پھر بھی یقین دلاتی ہوں میں ۔۔۔ برا نہیں مانوں گی۔۔۔ عام زندگی میں تم کتنی عورتوں سے ملے ہو۔ اُن سے تمہارے رشتے کس حد تک رہے ہیں۔ تم بس میں سفر کرتے ہونا۔ بس میں لڑکیاں تم سے ٹکراتی ہوں گی۔ تم بھی ٹکراتے ہو گے۔ اُن کے اعضاء چھوتے ہوں گے۔ کبھی میرے سوا کسی اور کی مانگ نے جنم لیا ہے تمہارے اندر ؟۔۔۔ جسدیو یقین کرو، میں ہرگز برا نہیں مانوں گی۔۔۔ کبھی کسی کو دیکھ کر سوئی ہوئی بھوک لہرائی ہو۔ رات دن لڑکیوں سے سامنا ہوتا رہتا ہے تمہارا ___

بولو جسدیو سچ تو یہ ہے کہ ساری ترقی پسندی ایک طرف۔ مردوں کے لئے ہم صرف گوشت کی بوٹیاں ہیں ___ مجھے بوٹیاں نہیں بننا جسدیو۔ میں مردوں میں تمیز نہیں کر پا رہی۔۔۔ اصول اور آدرش کی سبھی کتابیں مجھے جھوٹی لگ رہی ہیں اور اس کے لکھنے والے بھی۔"

___ حیران مت ہو سنگی مترا

سچائی یہ ہے کہ عورت ہر بار ایک نئے روپ میں آکر آپ کو چونکا دیتی ہے۔ آپ سوچ بھی نہیں سکتے کہ اس کی پسند اور ناپسند کی سطح کیسی ہو سکتی ہے۔ 'تم میرے جیسے ہو جمّی، کی کہانی ایک پیار کرنے والے جوڑے اور ان کے بیٹے جمّی کے اردو گرد گھومتی ہے۔ جمّی باپ کی فوٹو کاپی ہے۔ بیوی کو اچھا لگتا ہے۔ اسے چڑاتی بھی ہے کہ اس میں میرا کوئی 'حصہ' نہیں۔ لیکن پیار کرنے والے شوہر کی موت ہو جانے کے بعد وہ اپنے جمّی میں اپنا عکس تلاش کرنے لگ جاتی ہے اور ایک دن اس تلاش میں اسے کامیابی بھی مل جاتی ہے۔

"جمّی اچانک چونک کر، گھبرا کر اس کی طرف دیکھ رہا ہے ___ جیسے اس سے اس کی گھبراہٹ کی وجہ پوچھ رہا ہو۔ مگر وہ یکایک جیسے سب کچھ بھول گئی ہے۔۔۔ اور ایک ٹک جمّی کو دیکھے جا رہی ہے۔۔۔ جمّی کو۔۔۔ اس کی آنکھیں۔۔۔ اس کے ہونٹ۔۔۔

اس کی آنکھوں میں حیرانی ہے۔۔۔ اس نے جمی کا ہاتھ تھام لیا ہے۔۔۔ وہ ابھی بھی غور سے دیکھے جا رہی ہے۔۔۔

جمّی میں اچانک وہ کیسے اتر آئی۔۔۔ وہ کیسے داخل ہو گئی؟ اُس کی آنکھیں۔۔۔ اس کے ہونٹ۔۔۔

"کیا بات ہے جمّی؟"

"نہیں۔ وہ بس دھیرے سے کھکھلا دی۔"

___ تم میرے جیسے ہو جمّی

یہ کہانی لکھتے ہوئے میں کشمکش کا شکار تھا۔ نہیں ایسا نہیں ہوتا ہے۔ شوہر کی موت کے بعد تو ہونا یہ چاہئے، کہ بیوی اپنے بیٹے میں اسی کا عکس دیکھے اور ماضی کی سرسبز گھاس پر لیٹ کر آنکھیں بند کر لے۔ یہ کم از کم ہندستانی عورت ایسے باغیانہ خیالات نہیں رکھ

سکتی ہے۔ لیکن نہیں۔ اب تک میں نے یہی پایا، محبت کی تعریف بالکل الگ ہے۔ عورت اپنی تخلیق میں اپنا 'شیئر' یا اپنا عکس دیکھنا چاہتی ہے۔

وقت بدل چکا ہے اور اس بدلے ہوئے وقت میں اپنی برسوں برس پرانی غلامی کی گرد جھاڑتے ہوئے 'وہ' اپنی 'سیلف آئیڈنٹٹی' کی تلاش میں نکل چکی ہے۔ یہ بغاوت جذبوں کی سطح پر بھی ہے لیکن یہاں یہ بھی دیکھنا ہے کہ وہ پہلے سے کہیں زیادہ پختہ یا مضبوط ہو چکی ہے۔ شاید اس لئے کچھ باتوں کو چھوڑ دیں تو، وہ اپنی اڑان کے لئے سچ مچ آزاد ہو چکی ہے۔

کیا سچ مچ وقت بدل گیا؟ ایک صدی گزر گئی۔ ایک ملینیم ختم ہو گیا___ نئی صدی اور نئے ماحول میں رشتوں کی تعریف بدلی ہیں۔ آپ کہہ سکتے ہیں، میری یہ کہانیاں نئے رشتے، نئی Sensibility کی کہانیاں ہیں۔ ان رشتوں کو میں کوئی نام دینا نہیں چاہتا۔ مگر وقت تیزی سے بدلا ہے اور تیزی سے بدلتے وقت نے سب سے زیادہ اثر انسانی رشتوں پر ڈالا ہے۔ نئے چینلس کے حملے، بدلتے ہوئے انٹرنیٹ کے ماحول میں آنکھیں کھولنے والے بچے___ دنیا سمٹ کر ایک گلوبل ویلیج میں تبدیل ہو چکی ہے۔

میں سوچتا ہوں، یہ رشتے کھو گئے، تو کچھ بھی باقی نہیں بچے گا۔ انسانی رشتوں کی Values کی نئی تعریفیں بھی تلاش کرنی ہیں۔ ایک طرف باپ بیٹی کے، عصمت دری کے واقعات بڑھے ہیں، تو ایک دلچسپ سروے یہ بھی کہتا نظر آتا ہے کہ بیٹی کے لئے باپ زیادہ سمجھدار اور Loyal ثابت ہو رہا ہے۔ آج کی بیٹیاں ماں کی جگہ باپ کو اپنا دوست سمجھنے لگی ہے اور اپنے ہر طرح کے معاملے بس اسی سے شیئر کرتی ہے۔

ایک زمانے میں بہو اور ساس کی لڑائیاں چلتی تھیں۔ 'انڈیا ٹوڈے' نے ایک سروے کیا تو دلچسپ بات یہ پتہ چلی کہ زیادہ تر ساس اپنی بہوؤں سے زیادہ خوش ہیں۔

کیونکہ بہوئیں نہ صرف ان کے پاس رہتی ہیں بلکہ انہیں سمجھتی بھی ہیں۔

ایسا نہیں ہے کہ میں نے صرف بڑے شہروں کی ہی کہانیاں لکھیں۔ ایک کہانی تھی 'بچھو گھاٹی' ___ محبوبہ جب بیو بن جاتی ہے تو؟ کیا ہوا اپنا رخ بدل لیتی ہے؟ محبوبہ، بعد میں شوہر کو سنگھرش کے راستے پر چلنے کے لئے کہہ کر خود مضبوطی کی ایک ڈور بن جاتی ہے۔ محبوب کہیں ہارتا ہے۔ شوہر کہیں ٹوٹتا ہے ___ مگر وہ شوہر یا محبوب میں ایک جھکا ہوا 'قدیم انسان' نہیں دیکھ سکتی۔ میری کہانیوں میں مرد سمجھوتہ کرنے والے تو ہو سکتے ہیں، لیکن میں عورت جیسی شے کو کسی کمزوری یا سمجھوتہ کے دائرے میں نہیں دیکھ سکتا۔ اس لئے اپنے تخلیق کار شوہر کے آگے بیوی کسی ڈھال کی طرح، تن کر سامنے آ جاتی ہے۔

"ہاں یہ بہت کم ہے۔ شاید تمہاری تخلیق کا مقصد بھی نہیں۔ کم سے کم یہ میرے نزدیک کوئی مقصد نہیں ہو سکتا۔ مقصد اتنا کھوکھلا ___ اتنا دھندلا ___ جیسے پانی کی سطح پر تیرتا ہوا تیل اور تمہارے پاس آگ جلانے کے لئے صرف ایک بجھی ہوئی تیلی ہے۔ یہ دیپیکا تھی۔ اس وقت کی دیپیکا، جب ہم کالج میں تھے اور دیپیکا میرے ساتھ پڑھنے والی لڑکی۔

"ہر جگہ میں تمہارے خیالات سے متفق نہیں پتہ نہیں ___ کیوں لگتا ہے جب تمہارے پاس کہنے کو کچھ نہیں رہ جاتا ہے۔ تب اچانک تم سوئے ہوئے طبقے کے کسی آدمی سے پتھر چلا دیتے ہو اور کہانی ختم ہو جاتی ہے ___

___ بچھو گھاٹی

عورت کسی ٹھہری ہوئی ندی کی طرح شانت اور مرد سے زیادہ سمجھدار ہوتی ہے۔ مرد، عورت سے کہیں زیادہ جذباتی اور اخلاقی طور پر جنگلی ہوتا ہے۔ ممکن ہے، یہ جنگلی پن

آپ عورتوں میں بھی تلاش کر لیں۔ یہ بحث نہیں ہے، لیکن ایسی عورتوں کے لئے ان کا 'مر دانا سماج' زیادہ ذمہ دار ہوتا ہے۔ شاید اسی لئے بچھو گھاٹی لکھتے وقت میں نے ایک سلجھی ہوئی عورت کو دیکھا تھا۔ جو ٹوٹتی نہیں۔ بکھرتی نہیں۔ مسائل تو آتی جاتی لہریں ہیں۔ وہ خوفزدہ نہیں ہوتی اور ان سب سے اس کی اپنی آئیڈیالوجی بھی متاثر نہیں ہوتی۔ بلکہ وہ شوہر کو بھی اپنے اسی روپ سے جذباتی کر دیتی ہے۔

"لفظ چباتے ہوئے کسی فیصلہ کن موڑ پر آ کر ٹھہرا ہوں۔۔۔ اور صرف ٹھہرا ہی نہیں بلکہ مسکرا بھی دیا ہوں۔ کچھ سوچ کر۔۔۔۔۔ ایک پرانی بات یاد آ گئی۔ دیپیکا۔۔۔ سنو گی۔۔۔ یاد ہے ایک بار تم نے ہی کہا تھا۔۔۔ سپنے برے بھی تو ہوتے ہیں۔۔۔ یاد آیا؟ تم نے ہی کہا تھا کہ اس بار بار کی دھلی ہوئی ساڑی میں بھی۔۔۔۔ وہ مسکرا رہی ہے۔۔۔۔ اور اپنا آشوتوش بھی مٹی کے آنگن میں سونے کے پلنے جیسا ہی کھیلتا ہے۔۔۔ ہاں تمہارے سوچنے میں ہی کہیں غلطی ہو گئی۔ اب لگتا ہے تم نے ٹھیک ٹھیک پہچانا تھا۔۔۔ سنگھرش کا عمر کے کسی پڑاؤ سے کوئی تعلق نہیں ہوتا۔۔۔ اور ان سے لڑنے والا کبھی بوڑھا ہو ہی نہیں سکتا۔۔۔ اور ان سے لڑتے رہنے کا یہ احساس ہی وہ خوبصورت ساخواب ہوتا ہے دیپیکا۔۔۔۔۔ جو ہم نے دیکھے تھے اور جو۔۔۔"

۔۔۔ بچھو گھاٹی

'مرگ نینی نے کہا کی عورت جب اندر جھانکتی ہے تو خود کو ایک تنگ دائرے میں قید محسوس کرتی ہے۔ پیدا ہوئی تو باپ کا سنسار۔ شادی کے بعد شوہر کا۔ تو پھر مرگ نینی کا سنسار کون؟ دراصل عورت کے روپ کو بٹا ہوا رکھنے میں سماج نے کوئی کسر نہیں چھوڑی ہے اور المیہ ہے کہ کچھ گھریلو قسم کی عورتوں نے اسے قبول بھی کر لیا ہے لیکن جس دن وہ اپنے خیال ظاہر کرنے کے لئے آمادہ ہوں گی، اس دن ان کے صبر کے باندھ ٹوٹیں گے

اور نئی عورت کا جنم ہو گا۔

"مرگ نینی کو لگتا ہے پاپا اور ان کے تعلقات کے درمیان کہیں دراڑ پڑ گئی ہے۔

ایک سنجیدہ خیال میں ڈوب گئی ہے مرگ نینی۔ رات جیسے جیسے سرکتی رہی، مرگ نینی گہری اداسی میں ڈوبتی چلی گئی۔ اندر صدیوں سے خاموش بیٹھے ناگ نے جیسے اسے ڈسنا شروع کر دیا۔۔۔ تم کہاں ہو مرگ نینی۔۔۔ اس پورے منظر نامے میں تم کہاں ہو؟۔۔۔ شاید کہیں نہیں۔۔۔ کیا اوقات ہے تمہاری۔۔۔ کیا حیثیت۔۔۔؟ تمہاری اپنی شخصیت کیا ہے۔۔۔؟ یا بالکل ہی نہیں۔۔۔؟ تم صرف دوسروں پر منحصر رہی۔۔۔ یا جیتی رہی۔۔۔ شادی سے پہلے پاپا کے مذہبی خیالوں والے کٹگھرے میں۔۔۔ اور شادی کے بعد شوہر کی آزاد خیالی کے آسمان میں۔۔۔ لیکن یہ تو دوسروں کے وجود کا حصہ تھا۔۔۔ تم خود کہاں رہی مرگ نینی؟ اگر نہیں رہی تو کیوں نہیں رہی۔۔۔؟"

'مرگ نینی نے کہا'

مرگ نینی کے لئے صرف اپنی شناخت کافی نہیں تھی۔ اس شناخت کے آئینے میں وہ اپنے شوہر کو بھی دیکھتی ہے۔ وہ اپنے شوہر کی نہ صرف عزت کرتی ہے، بلکہ چاہتی ہے، یہی عزت سب جگہ ملے اور جب اپنے خاندان میں وہ شوہر کی شان میں کمی پاتی ہے تو ناگن سی دہاڑ اٹھتی ہے۔

"مرگ نینی کو احساس ہوا، اوناش کا لہجہ پوری طرح اُبھر نہیں سکا ہے اور دن کو رات کہنے والی بے معنی جرح سے کوئی نتیجہ نہیں نکلنے والا۔ اسے لگا، وہ ڈائننگ ٹیبل کسٹمس بندھی نہیں رہ سکتی۔ رشتے صرف خون کے تو نہیں ہوتے۔ آخر عبدل بھائی بھی تو ہیں۔ کیا لگتے ہیں وہ کیوں اتنی محبت دے جاتے ہیں۔ اس سے پہلے کہ اوناش کا سر، ماحول کے بوجھ کے نیچے دب جاتا، اندر سے اندر تھوڑا تھوڑا کر کے جمع ہو رہے زہر کو، ایک دم

سے سمیٹ کر مرگ نینی چیخ پڑی۔ "آخر میں کہیں ہو کہ نہیں پاپا۔ اگر ہوں تو مجھے اپنی بات کہنے کا پورا حق ہونا چاہئے۔ کل میں نہیں تھی۔ کل کیا، کبھی آج سے پہلے نہیں تھی۔ اس لئے کہ پیدا ہوئی تو آپ تھے اور آپ کے خیال تھے۔ ہمارے تو صرف پاؤں تھے، آپ جیسے چاہتے ہمیں چلایا کرتے۔ ہمیں آپ کی کسی بات کو ردّ کرنے کا حق نہیں تھا۔ غلط اگر غلط ہے تو اس کے لئے کسی منطق کی ضرورت نہیں۔ اتنا مان لینا کافی ہے کہ یہ غلط ہے۔ اگر ایک مکان جل رہا ہے تو یہ پوچھنا بے معنی ہے کہ یہ کیوں جل رہا ہے۔ سب سے پہلا کام آگ بجھانا ہے۔ جب دو خیالات میں زمین اور آسمان کا فرق ہو اور یہ احساس بھی ہو کہ اُنہیں ملانے کی کارروائی بیکار ہے تو۔۔۔؟ ایسے رشتے ٹھہریں گے تو نہیں نا۔۔۔ پھر ان رشتوں کو ڈھویا جانا کیا ضروری ہے۔ اس لئے میں ابھی سے یہ رشتہ توڑ رہی ہوں۔"

___ مرگ نینی نے کہا

چار سال پہلے، شاید 2001 میں، میں نے ایک کہانی لکھی۔ 'بیٹی' بیٹی میرے لئے کسی خواب کی طرح تھی ___ 'بیٹی' ___ مجھ میں سے نکلا ہوا ایک نازک عکس۔ میری بٹیا دو برس تین ماہ بعد ہی اس دنیا کو چھوڑ کر رخصت ہو گئی۔ 'بیٹی' لکھتے ہوئے عورت کے نفسیات کے کتنے ہی پہلو نظروں میں سما گئے۔ اسی کے فوراً بعد اپنی بیٹی کو بڑا ہوتے دیکھنے کی آرزو میں ایک اور کہانی لکھ ڈالی۔ فزکس، کیمسٹری، الجبرا۔۔۔ یہ کہانی میرے لئے کسی چیلنج سے کم نہیں تھی۔ بیٹی میں لڑکی یا عورت ڈھونڈنا باپ کے لئے چیلنج سے بڑھ کر ہوتا ہے مگر میں اس میں ایک عورت تلاش کرتے ہوئے باپ کو پاکیزہ خیالات کی بلندی پر دیکھنا چاہتا تھا۔ شاید اسی لئے میں نے اس کہانی کو لکھا نہیں، جیا ہے۔

"بیٹی میں لڑکی کا جسم۔ میں نے بہت معمولی بات کہی ہے۔ مسز ڈھلن۔ یہ لڑکیاں کیوں آجاتی ہیں۔ بیٹی میں۔۔۔ لڑکیاں۔ پرائی لڑکیاں۔ پرائی لڑکیوں کے جسم پر، مدھو

مکھی کے چھتوں کی طرح، گرتی ہوئی پرائی آنکھیں ۔۔۔ یہ بیٹیاں بس بیٹیاں کیوں نہیں رہتیں ۔۔۔ بغیر جسم والی۔۔۔ نہیں، سنو مسز ڈھلن! قصور آپ کا نہیں ___ یقیناً آپ میری بات نہیں سمجھ سکتیں۔۔۔ لیکن بیٹیوں میں یہ لڑکیوں والا جسم نہیں آنا چاہئے۔۔۔ ہے، نا؟" ___ فزکس، کیمسٹری، الجبرا

باپ کے لئے پریشانی کی بات یہ ہے کہ وہ اپنی بیٹی کے بکھرے کپڑوں میں 'انڈر گارمنٹس' دیکھ کر لرز کیوں جاتا ہوتا ہے۔ کہانی میں نیا موڑ اُس وقت آتا ہے جب پریشان باپ اپنی بیٹی کے کمرے میں پہنچتا ہے ___ اور اُس کی گرد آلود میز کو دیکھتا ہے ___ میز پر روشنائی بکھری ہے۔ کتابیں پھیلی ہوئیں ہیں ___ وہ آہستہ سے ایک ایک کتاب اٹھا کر دیکھتا ہے۔ فزکس، کیمسٹری، الجبرا۔۔۔ انہیں چھوتے، رکھتے، سجاتے ہوئے دراصل باپ نئے احساس والے کپڑے پہن لیتا ہے ___ باپ کتابیں سجا سکتا ہے۔ بیٹی کے اندر گارمنٹس دیکھ کر ڈرتا کیوں ہے؟ نفسیات کی اس بھیانک سطح پر میں جسم، روح اور رشتے کا توازن دیکھنے کا خواہشمند تھا۔ شاید اسی لئے ایک ہندستانی سماج میں اپنی تنگ ذہنیت کی وجہ سے زیادہ تر باپ مجھے کسی نفسیاتی مریض سے کم نہیں لگتے۔ اِسی لئے میں نے کہانی میں ایک خوفناک منظر کو جنم دیا تھا۔

"مڈ شاٹ ___ کلوز میں، میں ہوں۔ میں نے ہاتھ بڑھا دیا ہے اور یہ کیا ___ میرے ہاتھوں سے سانپ کے پھن غائب ہو گئے ہیں ۔۔۔ کلوز میں میرا ہنستا ہوا چہرہ۔۔۔ ڈیزولو۔۔۔ انجلی کپڑے بدل کر کمرے میں آ جاتی ہے۔۔۔ سجی ہوئی میز کو پسندیدہ نظروں سے دیکھتے ہوئے مسکراتی ہے۔۔۔ I am proud of you, my papa تم نے میری میز صاف کر دی۔

'کیوں؟' اس میں پراوڈ کی بات کیا ہے؟'

'ہے کیسے نہیں؟'

'کیسے ___؟'

'میری سہیلیوں کے پاپا ایسا نہیں کرسکتے۔'

___ فزکس، کیمسٹری، الجبرا

'انکیوبیٹر' کی عورت ایک بھٹکتی ہوئی روح ہے۔ جسے باپ کی بدنصیبی نے ایسے مرد سے باندھ دیا، جس کے پہلے سے ہی دو بچے تھے۔ سنگیت اور آرٹس میں بے حد شوق رکھنے والی ترپتی کو ایک ایسا مرد ملا تھا، جو محکمہ آثار قدیمہ میں تھا۔ شاید اسی لئے وہ ترپتی کو بھی اپنے 'دماغ' کے آثار قدیمہ کا مرکز میں دیکھنے کا خواہشمند تھا۔ لیکن تیزی سے بدلتے واقعات میں ایک دن ترپتی ایک انکیوبیٹر میں ایسے بچے کو دیکھ لیتی ہے، جو ابھی بنا نہیں، لیکن بننے جارہا ہے ___ ترپتی یکایک ہی نئی الجھنوں کا شکار ہوتی ہے۔

"ماں کے پیٹ یعنی Womb ---جہاں نو مہینہ تک بچے کے روپ میں ایک مرد سڑتا ہے ___ پتہ ہے۔ میرے شوہر تک جب اس نمائش کی بات پہنچی تو وہ پانچ مہینے تک مجھ سے غصّہ رہے تھے۔ بات چیت کمپلیٹلی بند۔ آپ دکھانا ہی چاہتے ہیں تو وہ جگہ کیوں نہیں دکھاتے جہاں سے تخلیق، یعنی ایک عورت Creator بنتی ہے۔ تخلیق کرنے والی۔ مرد کو جننے والی۔ اب یہاں دیکھئے نا---"

___ انکیوبیٹر

اُسے لگتا ہے، نئی تہذیب فیوژن کی دین ہے۔ جہاں کچھ بھی اوریجنل باقی نہیں ہے۔ وہ بھی ایک تصنّع کے ساتھ جی رہی تھی۔ ان تمام ہیبت ناک حالات کے باوجود مجھے ترپتی کو مغموم دکھانے کی خواہش بالکل نہیں تھی۔ اس لئے کہ میں عورت کو دکھی اور مظلوم دیکھ ہی نہیں سکتا۔

"بہلانے آئی تھی خود کو۔ مگر بور۔۔۔ انڈین اوشن کے اس بینڈ کو دیکھا تم نے۔۔۔، اس کے لہجے میں کڑواہٹ تھی۔۔۔ فن مر گیا ہے۔ ہم دو تہذیبوں کو ملا دینا چاہتے ہیں۔ یہ سب کیا ہے؟ ایک جھوٹا تماشا۔ تمہیں لکھنا چاہئے۔ ہندستانی سروں کا یہ کیسا میل ہے۔ جاز، ریگے، راک، پاپ اور ہندستانی تہذیب کا بریک فاسٹ ملا دیا۔ مکسچر تیار۔ کلچرل موٹف کو نئے ماڈرن ڈھانچہ میں ڈھال دیا اور نیو جنریشن کے سامنے پروس دیا۔ یہی 'فیوژن' ہے۔۔۔ سکڑتی سمٹتی دنیا کو، پاگل بنا دینے والی میوزک کمپنیوں کا دیا ہوا غیر ملکی تحفہ___" ___انکیوبیٹر

انکیوبیٹر مجھے عورت پر لکھی جانے والی، زندگی کی چند بہترین کہانیوں میں سے ایک لگتی ہے۔ کیونکہ اس کہانی میں، میں نے عورت کے اندر کی خوبصورت کو دیکھنے کی کوشش کی تھی۔ آرٹس کی خوبصورتی، جو کہ حقیقت میں عورت کے اندر رہے۔ اس میں سنگیت ہے کیونکہ عورت ایک 'مدھر سنگیت' کی طرح ہے۔ اس میں مقناطیسی لہریں ہیں، سمندر سی طاقت کا احساس ہے۔ دکھ کے بھنور بھی ہیں۔ لیکن آخر تک اُسے انکیوبیٹر سے باہر ہی دیکھنا چاہتا ہوں۔ اپنے آرٹ اور سنگیت کی دنیا میں۔

"ہے نا۔۔۔ میں نے کہا تھا۔ وہ بن رہی ہے___ 'میں نے ترپتی کا ہاتھ زور سے تھام لیا۔۔۔ یاد ہے ترپتی۔ میں نے کہا تھا، عورت ہر بار بننے کے عمل میں ہوتی ہے___ ایک بے چین روح۔۔۔ ایک یونانی 'دنت کتھا' میں پڑھا تھا___ عورت کی جون میں داخل ہونے سے پہلے، روح دھرتی کی سو پریکرمائیں پوری کرتی ہے۔ کبھی آرٹ اور کبھی۔۔۔'

ترپتی میری طرف تیزی سے مڑی۔ ہنستے ہوئے بولی۔۔۔

'سنو۔ اس انکیوبیٹر میں مینن کو ڈال دوں؟'

'نہیں۔'

میر الہجہ نپا تلا تھا۔۔۔ سب سے پہلے ابھی تمہیں اس انکیوبیٹر سے باہر نکلنا ہے۔"

___انکیوبیٹر

'لینڈ اسکیپ کے گھوڑے، لکھتے ہوئے بھی میں انکیوبیٹر یا آرٹ کی خوبصورتی سے باہر نہیں نکل پایا۔ ایک جگمگاتی ہوئی، طلسمی عورت میرے وجود پر حاوی تھی۔ جو ہواؤں میں رقص کرتی تھی۔۔۔ جس کے زلف لہراتے تھے۔ جو 'پری لوک' کی اپسرا کی طرح تھی۔ بے حد عام عورت کا کوئی تصور دراصل میرے لئے ہے ہی نہیں۔ میں تو اُسے آرٹ اور سنگیت کے درپن میں دیکھتا آیا تھا۔ اسی لئے لینڈ اسکیپ میں، میں نے عورت کا ایک نیا کردار گڑھا___ طاقتور، ماڈرن اور مردوں کی بنا قید سے الگ آزاد___

"کمرے میں ٹپ ٹپ بارش رک چکی تھی۔

"برسوں پہلے موہن جوداڑو کی کھدائی سے___ تمہیں یاد ہے۔۔۔ سفید چادر میں اس کے ہلتے پاؤں نے میرے ننگے پاؤں پر اپنا مسلسل بوجھ ڈال دیا تھا___ تمہیں یاد ہے حسین وہ آرکائیو والوں کے لئے ایک انوکھی، قیمتی اور مہنگی چیز تھی۔ مجھے یاد کرنے دو۔۔۔ ایک عظیم بھینسا، راکچھس جیسا۔۔۔ اور بڑی بڑی سینگیں۔۔۔ لیکن چھوٹا سر۔۔۔ دو نکیلی سینگیں آسمان سے باتیں کر رہی تھی۔۔۔ میں نے یہ تصویر کسی امریکن میگزین میں دیکھی تھی۔۔۔ لیکن، مجھے یاد رہ گئی۔ پتہ ہے، وہ عظیم بھینسا کون تھا، وہ تم تھے حسین!

وہ اچھلی۔۔۔ سفید چادر اس کے اجلے نرم ملائم بدن سے پھسل کر اس کی جانگھوں تک چلی گئی تھی___ "تم اس وقت بھی تھے۔ موہن جوداڑو کی تہذیب میں ایک عظیم بھینسے کی صورت میں۔ لیکن اس وقت میں کہاں تھی حسین۔۔۔؟" وہ تارکول کی طرح میرے بدن پر پھسل رہی تھی۔۔۔ "میں بن رہی تھی شاید۔۔۔ ہر بار بننے کے عمل میں

تھی۔ کئی صدی قبل یونان میں ۔۔۔ کبھی 'پارتھانیان' کے آدھے گھوڑے، آدھے انسانی مجسمے کی صورت ۔۔۔ کبھی وینس اور 'اپالو' کی پینٹنگ میں ۔۔۔ کبھی لیونارڈوی ونیچی کی مونالزا اور جن آف راکس، دی میڈونا اینڈ چائلڈ اور باچنیوز میں ۔۔۔ اور کبھی رافل، رمبراں اور جان اور میر کی تصویروں میں ۔۔۔"

___ لینڈ اسکیپ کے گھوڑے

لیکن یہ مت بھولئے کہ عورت انتہائی 'پُراسرار' شئے ہے۔ دنیا کے تمام جادوئی کرشمہ سے زیادہ پُراسرار ___ اور یہ 'راز' اس وقت زیادہ گہرا ہو جاتا ہے، جب عورت پیار میں ڈوبی ہو۔ سنسار میں آج تک عورت کے پریم کا سراغ نہیں لگایا جاسکا۔ وہ سدا سے ایک نا سمجھنے والی پہیلی کی طرح رہی ہے۔ شاید اسی لے اس کے نام سے اناکارنینا، مادام بواری اور کبھی لولیتا جیسے کردار اسی تلاش یا اسے سمجھنے کی کوشش میں جنم لیتے رہے ہیں۔ لینڈ اسکیپ کے گھوڑے کا انجام میرے لئے کافی مشکل تھا۔ 20 برس بعد، دنیا دل چکی ہے۔ پریمی، اپنی پریمیکا سے ملنے آتا ہے ___

"دروازہ کھولنے والی وہی تھی ۔۔۔ وہ ذرا سی بجھ گئی تھی ___ لیکن 20-22 برس کے فاصلے کو بہت زیادہ اس میں محسوس کیا جاسکتا تھا ۔۔۔ اس نے 'ول پال' کی پینٹنگ کی طرح بہتے ہوئے پانی اور بہتی ہوئی ہوا کو ہاتھ کے اشارے سے، آدھے میں ہی روک رکھا تھا ___ مجھے دیکھ کر اُسے ذرا بھی تعجب نہیں تھا ___ یہ سب کچھ ایسا تھا جیسے میں اپنے ہی گھر میں، صبح آفس سے گیا گیا شام کو واپس گھر لوٹ آیا تھا۔ ہاں، اُس کی آنکھیں تھکی تھکی تھیں۔ لیکن ان آنکھوں میں اس نے ایک لمبا انتظار رکھ دیا تھا ___ تو اس نے دروازہ کھولا۔ میری طرف دیکھا اور میرا، آخری ملاقات میں بولا گیا، میرا ہی جملہ میرے سامنے رکھ دیا ۔۔۔ "آواگون کو مانتی ہوں۔ ہم پہلے بھی ملے تھے اور ہم پھر مل رہے ہیں۔"

____لینڈ اسکیپ کے گھوڑے

'فریج میں عورت' میری اپنی کہانیوں میں مجھے بہت زیادہ پسند ہے۔ کسی عورت کا محض تصور آپ میں ایک نئی اُمنگ جگا سکتا ہے۔ عورت ہر بار آپ کے خیالوں پر کسی خوشبو سی مہکتی ہوئی پھیل جاتی ہے۔ اس کے بغیر زندگی کا تصور ادھورا ہے۔ نربھے چودھری کی زندگی میں تھا ہی کیا؟ بہار سے دلّی آتے ہوئے سارے سپنے خزاں میں بدل چکے تھے۔ کام کی تلاش میں بھٹکتے بھٹکتے دوردرشن کے لئے پروگرام بنانے والے ایک پروڈیوسر کا سہارا تو ملتا ہے۔ لیکن پیسہ وہاں بھی نہیں ملتا۔ ہاں، ایک دن پروڈیوسر کی کوٹھی پر رکھا ہوا پرانا 'فریج' علاء الدین کے بوتل کی طرح نربھے کے گھر آجاتا ہے۔ رات تھکا ہارا نربھے گھر آتا ہے تو تالا کھولنے، اپنے کمرے میں داخل ہونے تک وہ سن سے رہ جاتا ہے۔

"وہاں روشنی تھی۔ روشنی کے دائرے میں ایک بلا کی قیامت کھڑی تھی____ قیامت کے بدن پر کپڑے بھی قیامت کے تھے۔ چہرہ ایسا کہ خوبصورتی نے اپنی حدوں کو چھولیا ہے۔۔۔ بس اس سے زیادہ نہیں۔۔۔ بدن کے نقوش اتنے تیکھے کہ دنیا کی ساری حسین عورتوں کے بدن بھی شرما جائیں____ کپڑے اتنے باریک کہ شاہی مخمل وکم خواب کہ خزانے بھی ماند پڑ جائیں۔

اپنے نربھے چودھری کافی ہکلا رہے تھے۔

____'کہاں۔۔۔ کہاں سے آئی ہو؟'

'وہاں۔ فریج سے!'

____'فریج سے؟'

____'ہاں۔۔۔'

___ 'کیوں۔۔۔؟'

'کیوں !' ___ عورت کے ہونٹوں پر بلا خیز مسکراہٹ تھی۔۔۔ 'بوتل سے جن آسکتا ہے۔ فریج سے عورت نہیں آسکتی!

___ 'لیکن کیوں آئی ہو؟'

جواب میں عجیب سی بے تکلفی شامل تھی۔

___ 'تمہارے لئے۔'

___ فریج میں عورت

میں نے پہلے بھی کہا ہے۔ عورت میرے لئے پہیلی ہے۔ دنیا کی سب سے خوبصورت فنتاسی۔ اسی لئے عورت کے بغیر، میرا ماننا ہے کوئی کہانی لکھی ہی نہیں جاسکتی۔ عورت ایک ایسی فنتاسی ہے، جس کے راز کو بار بار کھولتے ادھیڑتے ہوئے مجھے تخلیقی سرشاری کا احساس ہوتا ہے۔ نربھے کی زندگی میں، فریج سے آنے والی عورت ایک نئی فنتاسی کو لے کر آتی ہے۔ وہ اس کا کمرہ سجاتی ہے۔ دیواروں پر رنگ برنگی پینٹنگس لگاتی ہے۔ عورت ایک قیمتی کوہ نور ہیرے کی طرح ہے۔ جو اپنی حفاظت کی گارنٹی مانگتی ہے۔

"اس لئے کہ عورت خواب دیکھ رہی ہے۔۔۔ جانتے ہو۔۔۔ ناریوفو نے یہ غیر معمولی پینٹنگ کب بنائی تھی؟ 1942 کے آس پاس۔ جب تم دنیا کو دوسرے عالمی جنگ میں جھونک چکے تھے۔ کیا نہیں۔۔۔؟ یاد آیا اور خود تم لوگ کیا تھے۔۔۔ آزادی مانگ رہے تھے۔ بھکاریوں کی طرح۔۔۔ مٹھی بھر لوگ جو تمہارے گھر پر قبضہ کر چکے تھے۔ تم اُن سے چلے جانے کی مانگ کر رہے تھے۔۔۔ ہے نا، وہ بھی بھکاریوں کی طرح۔۔۔ ایسے ہی ہو تم۔۔۔ اُس نے ٹھنڈا سانس بھرا۔۔۔ ایک پُراسرار مہذب شہر کی تعمیر کرنے والے اور جھوٹی جذباتیت کا استقبال کرنے والے۔۔۔ ہے نا۔۔۔ وہ کہتے کہتے پھر

ہنسی۔۔۔

"لیکن یہ سب تم۔۔۔؟"

"تمہارے لئے لائی ہوں۔ گھبراؤ مت۔ چوری نہیں کر سکتی۔۔۔ بازار سے لائی ہوں؟"

۔۔۔"تم بازار گئی تھی؟"

۔۔۔'ہاں، کیوں؟'

۔۔۔'نہیں میں سمجھ رہا تھا۔۔۔'

۔۔۔'تم زیادہ سمجھنے کی کوشش مت کیا کرو۔۔۔ سنو مجھے اس طرح گندے میں رہنا پسند نہیں ہے۔۔۔ سنا تم نے۔ اس لئے میں صفائی کی۔۔۔ عطر کا چھڑ کاؤ کیا۔۔۔ دیواروں پر پینٹنگ لگائی۔ پھر تمہارے آنے کی راہ تکنے لگی اور تم آ گئے۔۔۔"

فریج میں عورت

لیکن فریج میں عورت کی فنتاسی یہیں ختم نہیں ہوتی۔ فریج والی عورت نربھے کی شخصیت میں خوشگوار تبدیلی پیدا کرتی ہے۔ اس میں بغاوت کے بیج پھوٹنے لگتے ہیں۔ اب وہ اپنے پروڈیوسر سے اپنے حقوق کی لڑائی لڑنا چاہتا ہے، کیونکہ نربھے ہر حالت میں یہی چاہتا ہے کہ وہ فریج والی عورت اُسے چھوڑ کر نہیں جائے۔ وہ ہمیشہ اس کے ساتھ رہے اور اس کا حوصلہ بڑھاتی رہے لیکن اچانک فریج والی عورت اس کے سامنے ایک شرط رکھ دیتی ہے۔

"سنو۔ اب میرے پاس پیسے نہیں ہیں۔ آواز میں تھرتھراہٹ تھی۔۔۔ ہاں پیسے۔ جو تھے سب ختم ہو گئے۔ پینٹنگس۔۔۔ عطر، چادریں اور۔۔۔ جو پیسے تھے وہ تمہارے گھر کی خریداری میں لگ گئے۔۔۔

'مجھے چاہتے ہو تم۔'
'ہاں۔'
'میری سانسوں سے پیار ہے؟'
'ہاں۔'
'میرے جسم سے؟'
'ہاں۔'
'اور مجھ سے'
'ہاں'
'اور یہ بھی چاہتے ہو کہ میں کہیں نہیں جاؤں۔ میں ہمیشہ تمہارے پاس رہوں'
'ہاں'
'تو پھر تمہیں میرا خیال رکھنا ہو گا۔'

وہ اپنے بدن کی، بے کراں موجوں کو سنبھالے اس کے بدن کے ساحل سے ہٹ گئی تھی۔۔۔

'سمجھ رہے ہونا'نر بھے چودھری۔۔۔ تمہیں میرا خیال رکھنا ہو گا'

وہ آئینے کے سامنے کھڑی اپنی ریشمی ساڑی کی شکنوں میں کھو گئی تھی

''تمہیں مجھے خوش رکھنا ہو گا۔ میری۔۔۔ میری فرمائش پوری کرنی ہو گی۔۔۔ سن رہے ہو نر بھے چودھری۔۔۔ میرے لئے۔۔۔'

اس کی نقرئی، لڑکھڑاتی آواز کا جل ترنگ کمرے میں گونج رہا تھا۔۔۔

'سوچو میں۔۔۔ ڈھل جاؤں تو؟ میں جیسی ہوں، ویسی نظر نہ آؤں تو____ یہ سب کچھ تم پر ہے نر بھے چودھری۔۔۔ تم پر____ مجھے خوبصورتی پسند ہے۔۔۔ میرے لئے

خوشبوؤں کا خزانہ لے آؤ___ میرے لئے تم بھی اپنے آپ کو بدلو گے نربھے چودھری۔۔۔ بدلو گے نا۔۔؟ خوشبو کو، خوشبو اور ایک خوبصورت جسم کو، ایک خوبصورت جسم کی چاہت ہوتی ہے۔۔۔ میرے لئے تم یہ سب کرو گے نا، نربھے چودھری، ورنہ۔۔۔ورنہ۔۔۔" ___ فریج میں عورت

میں اس کہانی کے اختتام کے لئے بھی ذمہ دار نربھے چودھری کو ہی مانتا ہوں کیونکہ جب ہمارے سپنے پورے ہونے لگتے ہیں تو غیبی طاقتیں فریج کو اٹھا کر لے جاتی ہیں۔

میری ایک کہانی تھی بیٹی۔ جیسا میں بتا چکا ہوں۔ یہ کہانی میں نے اپنی بٹیا کو سامنے رکھ کر لکھی۔ جو دنیا کے لئے نہیں ہے۔ مگر میرے لئے ہے۔ ایک تصوراتی کہانی چنی میں نے ___ بٹیا کے آنے کے بعد کیا شوہر بیوی کے رشتوں میں گرہن لگ جاتا ہے۔ اس کے لئے اپنے زمانے اور آج کی 'بیٹی' کا محاکمہ ضروری تھا۔

"بیٹی باپ سے ڈرتی تھی، اس کے برعکس ماں کو اپنا دوست سمجھتی تھی ___ ماں بیٹی سے ڈرتی تھی، اس لئے کہ بیٹی دنوں دن تاڑ جتنی لمبی ہوتی جارہی تھی۔۔۔ باپ کو بیٹی سے بالکل ڈر نہیں لگتا تھا۔ اس لئے کہ باپ مصروف رہتا تھا ___ اس لئے کہ باپ کا زیادہ وقت اپنے کاروباری قسم کے لوگوں کے پاس گزرتا تھا اور اس لئے کہ بہت تھوڑے سے وقت میں، جو باپ اکثر اپنی بیٹی کے لئے چرالیا کرتا تھا اور باپ یہ لمحے اپنی بیٹی کے ساتھ ہی گزارنا پسند کرتا تھا ___ یہ اور بات تھی کہ یہ لمحے سال میں کبھی کبھی ہی باپ کو حاصل ہوتے تھے۔" ___ بیٹی

وقت کے ساتھ بیٹیاں، ماں سے زیادہ باپ کی دوست بن چکی ہیں۔ بیٹیاں، ماں سے زیادہ باپ سے شیئر کرتی ہیں۔ یہاں تک کہ اپنی محبت کے رشتوں پر بھی وہ باپ سے آزادانہ گفتگو کر سکتی ہیں۔ آج کا باپ زیادہ پریکٹیکل اور بیٹی کو اچھائی، برائی سمجھانے کے

قابل ہے، لیکن باپ چاہتا ہے ___ کہ بیٹی دنیا کو سمجھے اور اس کے لئے محبت کرنا ضروری ہے۔

''بیٹی حیران تھی۔۔۔ جیسے بہت سے پلاش کے پھول اس کی ننھی منی ہتھیلیوں میں جا کر رنگ بن گئے ہوں۔۔۔ رنگ۔۔۔ پھر اس نے آدھے رنگوں رنگوں کو اپنی ہتھیلیوں سے کھرچ دیا۔۔۔

'تو اس کا مطلب؟'

'باپ برسوں بعد اپنی بیٹی سے شیئر کر رہا تھا۔'

'ہاں۔'

'تو تم آدھا ہنستی ہو اور آدھا تمہاری ماں کی تحویل میں ہے۔'

'ہاں۔'

پھر تم مکمل کہاں رہ گئیں ۔۔۔ آدھا آدھا۔۔۔ بڑے ہونے سے اُڑنے تک ___ بچپن سے جوانی اور جسم سے روح تک۔۔۔ گھر سے کالج اور کالج سے گھر تک ___ آنکھوں سے مسکراہٹ اور مسکراہٹ سے خواب تک۔۔۔

'ہاں'

'راتیں۔۔۔ پُراسرار راتیں۔۔۔ تمہیں پتہ ہے ___ تم ایک حسین زندگی کا صرف آدھا لطف لے رہی ہو ___ ایک بے حد خوبصورت سنسنار کے صرف آدھے حصّے کو تمہاری آنکھیں چھو رہی ہیں ___ جبکہ۔۔۔'

باپ اُداس تھا۔۔۔

'تم نے پریم کیا ہے۔۔۔؟'

واپس لوٹنے سے پہلے باپ کا جملہ نپا تلا تھا۔۔۔ 'پریم آدھا نہیں ہوتا۔ پریم پورا ہوتا

ہے۔۔۔ اور تم عمر کے اس حصے میں ہو، جہاں تمہیں پریم کے احساس سے۔۔۔ یعنی میرا مطلب تو تم سمجھ رہی ہو نا۔۔۔ ___بیٹی

سچ تو یہ ہے کہ مجھے اس کہانی کا انجام لکھتے ہوئے تکلیف ہوئی۔ کیا میری بیٹی بھی، گھر چھوڑ کر چلی جائے تو میں اسے نظر انداز کر دوں گا۔ کہانی کے آخر میں باپ، اسے پہچان کر بھی نہیں پہچان پاتا۔ لیکن، اسی کا ایک پہلو ہے کہ باپ چاہتا ہے، کہ وہ اپنی آزاد دنیا کا استقبال خود کرے۔ کیونکہ وہ بڑی اور سمجھدار ہو چکی ہے۔ میں نے یہی سوچا تھا۔ ایک 'آدرش' بیٹی کے لئے میں کہیں جوابدہ یا بوجھ نہیں بنوں گا۔ اس 'آدرش' کو میں ہندستانی سماج کی حدوں میں نہیں، بلکہ جدیدیت کے تقاضوں میں دیکھتا ہوں اور سے مجھے، کہیں سے بھی گھبراہٹ نہیں ہوتی۔

"4، اسکیم پارلے___ماؤنٹ روڈ سے ذرا آگے___تھرڈ لین۔ مسٹر آئی جے کے۔۔۔ ریسیڈنس نمبر۔۔۔' کہتے کہتے وہ ٹھہر گئی ہے۔ ایک زمانہ میں یہاں ان کی بیٹی رہتی تھی۔"

ماں نے پیار سے دروازہ بند کرتے ہوئے جواب دیا___

'آپ کو غلط فہمی ہوئی ہے۔۔۔ اب وہ یہاں نہیں رہتی۔۔۔'

بیٹی نے انجانے راستوں پر ٹھٹھرتی ہوئی کہرے کی صبح، اپنے قدموں کو ڈالتے ہوئے ماں کا جملہ پورا کیا۔۔۔

'کیونکہ اس نے اپنی آزادی خرید لی ہے اب وہ کہیں اور رہتی ہے۔"

___بیٹی

'پانی: اندر اندر گھاس' اور نئی کہانی "ڈراکیولا" تک میں عورت کو سہمے ہوئے 'جانور' کی طرح نہیں دیکھ سکتا تھا۔ شاید اس لئے کہ خدا کی اس 'بے مثال تخلیق' کو میں کسی قید

خانے میں گھٹتے ہوئے یا مسلسل استحصال کا شکار ہوتے ہوئے برداشت نہیں کر سکتا تھا۔

جیسی وہ ہے،
آپ اسے ویسا کیوں نہیں دیکھتے،
ایک جادو /
ایک طلسم کی طرح /
کہ اس طلسم میں ہزاروں کہانیاں ہیں /

اور شاید اسی لئے کسی بزدل، مظلوم عورت کا کوئی تصور، آپ کو میری کہانیوں میں نہیں ملے گا۔ میں نے ہر بار اُسے مضبوطی کے ساتھ جیا ہے۔ Female Foeticide یعنی نسائی نطفے کے قتل اور ہزار اُداس کرنے والی کہانیوں کے باوجود میں ہر بار عورت میں امید اور یقین کی ایک 'نئی عورت' کو بہر صورت تلاش کرنے میں کامیاب ہو ہی جاتا ہوں۔ یہ نئی عورت نہ صرف میری مضبوطی کی علامت ہے بلکہ میری کہانیوں کی مضبوطی بھی۔

☆☆

منٹو ہندستانی

منٹو پاکستان ضرور چلے گئے، لیکن حقیقت یہ ہے کہ میں منٹو کو کبھی بھی پاکستانی تسلیم نہیں کر سکا۔ منٹو تقسیم کے خلاف تھا۔۔۔ تقسیم منٹو کو کبھی راس نہیں آیا۔۔۔ اس لیے میں منٹو کو ہندستان یا پاکستان کے طور پر تقسیم کرنے میں یقین نہیں رکھتا۔۔۔ مگر کیا کیا جائے۔ معاملہ ادب کا ہے تو جی چاہتا ہے، جیسے ہم ہمالیہ یا گنگا پر اتراتے ہیں کہ گنگا میری ہے۔ ہمالیہ میرا ہے۔ ویسے ہی منٹو میرا ہے، کہتے ہوئے کہیں نہ کہیں روح کی تسلی ہو جاتی ہے۔ منٹو اسی طرح ہندستانی ہے، جیسے اقبال تھے۔ اقبال کو لیکر احتجاج کرنے والوں کی کمی نہیں۔ مگر اقبال تو 1938 میں ہی مر گئے یعنی تب جب پاکستان بنا ہی نہیں تھا۔ ہاں اقبال کے عہد کی سیاست نے بھلے ہی اقبال کو مسلم لیگ کا راگ الاپنے کو مجبور کیا ہو، مگر حقیقت دیکھیے تو اس وقت سیاست نے رشتے اور مذہب کے دو حصے تو کر ہی دیئے تھے۔ بہت سے ایسے لوگ تھے جو اس وقت کی نفرت اور انگریزی سازش کا شکار ہو کر پاکستان کا راگ الاپنے لگے تھے، مگر یہی اقبال تھے جنہوں نے ہمالیہ، گرو نانک، رام جی پر بھی نظمیں لکھیں۔ ہندستان کا ترانہ لکھا اور ایسا ادب چھوڑ گئے جسے بھولنا آسان نہیں۔

بڑا ادیب کسی بھی ملک کے وقار میں اضافہ کرتا ہے اور اس کا ادب ایسے خزانہ کی حیثیت رکھتا ہے جس سے آنے والی نسلیں فیضیاب ہوتی رہتی ہیں۔ اسی لیے نہ میں اقبال کو پاکستانی مان سکا نہ منٹو کو۔ فیض احمد فیض اور جوش ملیح آبادی کی بات اور تھی۔ یہ اپنی شرطوں پر گئے تھے۔ جوش کو تو پنڈت نہرو تک جانے سے روکتے رہے لیکن جوش نہیں

مانے اور پاکستان جا کر ہی دم لیا۔

منٹو مجبوریوں کے ساتھ پاکستان گئے۔ اور اصل میں منٹو کے خط / تحریروں کا جائزہ لیجئے تو پاکستان جا کر منٹو خوش کبھی نہیں رہا اور پاکستان جانے کے کچھ عرصہ بعد ہی منٹو کا انتقال بھی ہو گیا۔ ابھی ۱۰۔ ۱۲ برس پہلے ساہتیہ اکادمی کے لیے جب پاکستانی مصنف آصف فرخی نے 'پاکستان کے افسانے' کتاب مرتب کی تو پہلے افسانہ نگار کے طور پر منٹو کا نام دیکھ کر مجھے افسوس ہوا۔ میں نے ایک مختصر خط میں اپنا احتجاج درج کیا۔ اس خط کا پاکستان میں شائع ہونا تھا کہ وہاں آگ لگ گئی۔ جنگ اور ڈان جیسے اخباروں میں بھی میرے خلاف تحریریں شائع ہوئیں۔ یہاں تک کہ آصف فرخی، حمید شاہد، مبین مرزا جیسے بڑے ادیبوں نے منٹو کو لیکر میرے خلاف مورچہ کھول دیا۔ حمید شاہد نے یہ لکھا کہ بھائی پاکستان کے تمام ادیبوں کو اٹھا کر بھارت لے جاؤ۔ لیکن منٹو کو تو ہمارے پاس رہنے دو۔ چلیے یہ تو ایک رائے تھی — اب منٹو کی زبانی خود ہی سن لیجئے کہ وہ پاکستان جا کر کتنا خوش تھا۔

"آج میرا دل اداس ہے۔ ایک عجیب کیفیت چھائی ہوئی ہے، چار ساڑھے چار برس پہلے جب میں نے اپنے دوسرے وطن ممبئ کو چھوڑا تھا تو میرا دل اسی طرح دکھی تھا۔ مجھے وہ جگہ چھوڑنے کا صدمہ تھا جہاں میں نے اپنی زندگی کے بڑے مشقت بھرے دن گزرے تھے۔ اس زمین نے مجھ ایسے آوارہ اور خاندان کے دھتکارے ہوئے انسان کو اپنے دامن میں جگہ دی تھی۔ اس نے مجھ سے کہا تھا، تم یہاں دو پیسے روزانہ پر بھی خوش رہ سکتے ہو اور دس ہزار روزانہ پر بھی۔"

اور اب منٹو کے دل کی آواز سینے۔ اس کے درد کو محسوس کیجئے۔

"میں یہاں پاکستان میں موجود ہوں۔ یہاں سے کہیں اور چلا گیا تو وہاں بھی موجود

رہوں گا۔ میں چلتا پھرتا ممبئ ہوں۔ جہاں بھی قیام کرونگا وہیں میرے اپنا جہان آباد ہو جائے گا۔"

حقیقت یہ ہے کہ منٹو ممبئ کو بھول ہی نہیں سکا۔ مرتے مرتے منٹو میں ممبئ سانس لیتارہا۔ اور اسی لیے پاکستان میں رہتے ہوئے بھی وہ چلتا پھرتا ممبئ تھا۔ اب اس خوفناک حقیقت کے بارے میں بھی منٹو سے سنیے کہ تقسیم نے اسے کس حد تک توڑ کرر کھ دیا تھا۔

"ملک کی تقسیم سے جو انقلاب برپا ہوا، اس سے میں ایک عرصے تک باغی رہااور اب بھی ہوں۔ لیکن بعد میں اس خوفناک حقیقت کو میں نے تسلیم کرلیا۔

میں نے اس خون کے سمندر میں غوطہ لگایا جو انسان نے انسان کے رنگوں سے بہایا تھااور چند موتی چن کر لایا، عرق انفعال کے۔ مشقت کے۔ جو اس نے اپنے بھائی کے خون کا آخری قطرہ بہانے میں صرف کی تھی۔ ان آنسوؤں کے جو اس جھنجھلاہٹ میں کچھ انسانوں کی آنکھوں سے نکلے تھے کہ وہ اپنی انسانیت کیوں ختم کر سکے۔۔۔ یہ موتی میں نے اپنی کتاب "سیاہ حاشیے" میں پیش کیے۔"

"ہمیں افسوس ہے کہ ہمارے نام نہاد دانشوروں نے بڑی جلد بازی سے کام لیا اور رہبری کے شوق میں اپنا نیم رس جوہر "پیالے" میں ڈال دیا جہاں وہ عدم نگہداشت کے باعث گلنے سڑنے لگا۔"

"میں آج بہت اداس ہوں۔۔۔ پہلے مجھے ترقی پسند تسلیم کیا جاتا تھا بعد میں مجھے ایک دم رجعت پسند بنا دیا گیا۔ اوہ اب فتوے دینے والے سوچ رہے ہیں اور پھر سے یہ تسلیم کرنے کے لیے آمادہ ہو رہے ہیں کہ میں ترقی پسند ہوں۔ اور فتووں پر اپنے فتوے دینے والی سرکار مجھے ترقی پسند یقین کرتی ہے۔ یعنی ایک سرخہ۔۔۔ ایک کمیونسٹ۔ کبھی کبھی جھنجھلا

کر مجھ پر فحش نگاری کا الزام لگا دیتی ہے اور مقدمہ سنا دیتی۔ دوسری طرف یہی سرکار اپنی مطبوعات میں یہ اشتہار دیتی ہے۔۔۔ کہ سعادت حسن منٹو ہمارے ملک میں گزشتہ ہنگامی دور میں بھی رواں دواں رہا۔۔۔ میرا اداس دل لرزتا ہے کہ سرکار خوش ہو کر ایک تمغہ میرے کفن سے ٹانک دیگی جو میرے داغ عشق کی بہت بڑی توہین ہو گی۔"

پاکستان میں منٹو کے ساتھ جو سلوک ہوا، اس درد کو ان جملوں میں بہ آسانی محسوس کیا جا سکتا ہے۔ شاید یہی درد منٹو کی موت کا سبب بھی بنا۔ ورنہ ۴۲ سال کی عمر مرنے کی نہیں ہوتی۔ تقسیم اور ہندستان چھوڑنے کی سزا نے منٹو کو ٹوبہ ٹیک سنگھ کے پاگل میں تبدیل کر دیا تھا۔ منٹو جیسا پاگل اس درد کو آخر کب تک سہتا۔ اسے تو مرنا ہی تھا۔

صاحب یہ منٹو کا وہی بیان ہے جو اس نے پاکستان جا کر دیا—وہ نہ وہاں جانے سے خوش تھا نہ وہاں کی حکومت سے—بلکہ پاکستان میں بھی اس کے اندر ممبئی زندہ رہا۔

ساہتیہ اکادمی کی کتاب اور منٹو پاکستانی

"اردو افسانہ جب 'سپاٹ بیانی' کے عہد میں سانس لے رہا تھا۔ منٹو کی شکل میں غلامی اور فرقہ واریت کے ماحول سے ایک ایسے فنکار نے جنم لیا، جس کی ٹیڑھی میڑھی 'کافر' کہانیاں، اردو کہانیوں کی ایک نہ بھولنے والی تاریخ بن گئیں۔ وہی منٹو جس نے ہندستان میں جنم لیا۔ ہندستان میں دھکے کھائے۔ ممبئی اور تب کے بامبے کے فلم اسٹوڈیو میں نوکری کی اور جس کا 'آئرن مین' ٹوبہ ٹیک سنگھ بھی 'نو مینس لینڈ' کے اس طرف جانے میں یقین نہیں رکھتا تھا، کیا منٹو آن کی آن میں پاکستانی بن گیا۔۔۔؟

ساہتیہ اکادمی کی شائع کردہ پاکستانی کہانیاں (انتخاب، پیش لفظ: انتظار حسین، آصف فرخی، ترجمہ: عبدل بسم اللہ) سے سب سے پہلا بنیادی سوال تو یہی ہے۔ پاکستان بن جانے اور آخری دنوں میں پاکستان چلے جانے بھر سے کیا منٹو پاکستانی ہو گیا۔۔۔؟ کیوں کہ ترتیب دی گئی ۳۲ کہانیوں میں پہلی کہانی 'کھول دو' منٹو کے 'پاکستانی' قرار دیئے جانے کی جو روداد سناتی ہے، وہ ہمیں قبول نہیں۔

تمہید کے تحت اپنے انتظار بھائی نے کئی بہت ہی دلچسپ باتیں اپنے قارئین کے سامنے رکھی ہیں۔ مثلاً۔۔۔ پاکستان بننے کے تھوڑے عرصے بعد ہی ہمارے ادب میں یہ سوال کھڑا ہو گیا تھا کہ پاکستانی ادب کی اپنی پہچان کیا ہے؟

ممکن ہے منٹو والی غلط فہمی بھی اسی پاکستانی ادب کی پہچان سے جنمی ہو۔۔۔ پاکستان کو ادبی شناخت کے لیے منٹو کی ضرورت تھی اور منٹو اس اسلامی شناخت کا حصہ نہیں بننا چاہتا تھا— پاگل کہے جانے والے ٹوبہ ٹیک سنگھ کی فکر بھی یہی تھی۔ ہندستانی کون اور پاکستانی کون؟ شاید یہی فکر منٹو کی بھی رہی ہو۔ نتیجے کے طور پر ٹوبہ ٹیک سنگھ نے جس جگہ اپنی جان دی، وہ جگہ نہ ہندستان کی تھی، نہ پاکستانی کی۔۔۔ وہ نو مینس لینڈ تھی۔ منٹو کا آخری وقت میں چلا جانا بدقسمتی ہو سکتا ہے۔ لیکن یہی منٹو تھا جو زندگی بھر بٹوارے کے خلاف لکھتا رہا۔

پاکستانی ادب کی پہچان کا معاملہ دلچسپ ہے۔ ٹھیک ویسے ہی جیسے منٹو کا کردار ٹوبہ ٹیک سنگھ۔ تقسیم سے پہلے تک تو سارے ہندستانی تھے۔ پھر پاکستانی ادب کا فرق کیسے سمجھا جائے۔

انتظار بھائی آگے لکھتے ہیں۔۔۔ "ایک تقاضہ یہ بھی تھا، جب ایک ملک بن گیا ہے

اور ہم ایک الگ قوم کی حیثیت رکھتے ہیں تو ہمارے ادب کو بھی ایسا ہونا چاہئے کہ اس کی الگ شناخت ہو۔"

لیکن یہیں پر انتظار بھائی مار کھا گئے۔ تقسیم کا عہد یا دو قومی نظریے کی بات چھوڑ دیجئے تو ۴۵ برسوں کے بعد بھی آپ اس شناخت کے سوال پر بٹوارے کی لکیریں نہیں کھینچ سکتے۔ انداز فکر کی سطح پر ادب کا بٹوارہ نہیں ہو سکا۔

لیکن ایک "دلچسپ' بات کا جاننا ضروری ہے کہ پاکستان بننے کے بعد سے ہی علیحدہ پاکستانی ادب، کی مانگ نے بھی سر اٹھانا شروع کیا تھا۔ آصف فرخی کے نانا یعنی حسن عسکری نے سب سے پہلے اس الگ پاکستانی ادب کی وکالت کی اور منٹو جیسے عوامی مصنف کو نئے اسلامی جمہوریہ کی نئی تمہید میں دیکھتے ہوئے پاکستانی قرار دے دیا— منٹو بیچارہ جو ۴۷ کی تقسیم کے بعد ۴۸ میں پاکستان گیا وہ بھی اپنی بیوی کے زور دینے پر اور ۵۵ میں منٹو کی موت بھی ہو گئی۔ مگر عسکری اسے ہر سطح پر پاکستانی قرار دینے میں لگے رہے۔ نتیجہ کے طور پر انتظار حسین بھی پاکستان اور اسلامی ادب سے گزرتے ادب کی مانگ لے کر سامنے آ گئے۔ شاید اسی لیے پاکستانی کہانی کو ایک دم الگ آنکھ سے دیکھنے کی کارروائی زور پکڑ چکی تھی۔

"پاکستانی اگر الگ قوم ہے تو اس کی قومی اور تہذیبی شناخت کیا ہے اس کی تاریخ کہاں سے شروع ہوتی ہے اور اس کی جڑیں کہاں ہیں؟"

ہم یہ ظاہر کر دینا چاہتے ہیں کہ ہندستان سے نکلے پاکستان کی تہذیبی شناخت کی جڑیں ہمیشہ سے ہندستان میں ہی گڑی تھیں اور گڑی ہیں۔ اس کی تاریخ بھی ہندستان سے شروع ہوتی ہے۔ شاید اسی لیے الگ قومی اور تہذیبی شناخت ڈھونڈنے کی کارروائی انہیں بار بار زخمی کرتی رہی ہے۔ سیاسی اکھاڑے سے ادب کے اسٹیج تک کا بھٹکاؤ اسی کنفیوژن کی

دین ہے — ان سطور کے تحریر کیے جانے کی وجہ صرف یہ ہے کہ آپ منٹو پر جو صرف آخر ایام کے سات سال تک پاکستان رہا، آپ پاکستانی ہونے کی مہر نہیں لگا سکتے۔

منٹو کو پاکستانی ثابت کرنے کے لیے پاکستانی مصنفین کے پاس بہت سی دلیلیں ہیں۔ لیکن منٹو کی مجبوریاں بھی کسی سے چھپی نہیں تھیں۔ جب آپ ایک نئے ملک میں جاتے ہیں تو آپ کو اس ملک کے لیے ذہنی طور پر بھی تیار کرنا ہوتا ہے۔ لیکن پاکستان جانے کے سات سالوں میں کوئی ایسی مثال نہیں ملتی کہ منٹو وہاں جا کر خوش تھا — منٹو کو وہ سیاست آخر تک لہولہان کرتی رہی جس نے ایک ملک کو دو حصوں میں تقسیم کر دیا تھا۔ اس وقت جب ہندستانی حکومت نے پاکستان کے لیے پانی بند کیا تو منٹو نے کربلا جیسی کہانی لکھ ڈالی۔ کربلا میں منٹو کے درد کو بہ آسانی محسوس کیا جا سکتا ہے۔ کہانی کے آخر میں جب بچے کے رونے کی آواز آتی ہے تو اس کا کردار کہتا ہے، میں اس کا نام یزید رکھوں گا — اس جملہ میں جو درد، جو تڑپ ہے اس کو سمجھنے کے لیے تقسیم کے درد کو سمجھنا ضروری ہے — پانی زندگی کی علامت ہے۔ کربلا کے پیاسوں پر یزید نے زندگی تنگ کر دی — تقسیم المیہ نے پانی کی سیاست بھی شروع کر دی تو منٹو کا قلم رو دیا۔ اور یہ قلم پاکستان جانے کے بعد بھی ایسے ہزاروں موقعوں پر روتا رہا۔ منٹو کا سارا ادب پڑھ جائیے تو اپنے عہد میں منٹو واحد لکھاڑی تھا جو مذہب یا تقسیم سے اوپر اٹھ کر لکھ رہا تھا۔ اور یہی چیز منٹو کو اپنے عہد کے دوسرے لکھاڑیوں سے الگ کرتی تھی۔ اسی لیے میں آج بھی منٹو کے ہندستان چھوڑنے کو ایک مجبوری کا ہی نام دیتا ہوں۔ اور منٹو کو پوری طرح ہندستانی تخلیق کار ہی مانتا ہوں۔

☆☆

فراڈ منٹو

(محترم رضیہ مشکور صاحبہ — منٹو صدی منائی جا رہی ہے تو منٹو پر مضامین لکھنے والے بھی کم نہیں ہوں گے۔ میں نے کچھ برس پہلے منٹو پر ٹی وی کے لیے ایک خوبصورت سا پروگرام بنایا تھا — فراڈ منٹو — آپ اور قارئین دیدہ ور کی دلچسپی کے لیے خصوصی طور پر یہ منظر نامہ بھیج رہا ہوں۔ امید ہے، پسند کریں گی۔ ذوقی)

کیمرہ اوپن کرتے ہی تھرتھراتی ہوئی لو نظر آتی ہے — شمع کی اس تھرتھراتی لو پر آواز ابھرتی ہے۔

لوگ آتے ہیں اور چلے جاتے ہیں۔۔۔ /

کہانیاں شروع ہوتی ہیں اور ختم ہو جاتی ہیں۔۔۔ /

لیکن کچھ یادگار لمحے ہر بار ہمارے درمیان رہ جاتے ہیں۔۔۔ /

جو ہم سے کہتے ہیں۔۔۔ /

'یاروں نے کتنی دور بسائی ہیں بستیاں۔۔۔'

روشنی کے دائرے کے بیچ اینکر کی انٹری

اینکر: آج اس سفر کی شروعات ہم سعادت حسن منٹو سے کرنے جا رہے ہیں۔ منٹو، جس نے اردو افسانے کا رنگ و آہنگ ہی بدل کر رکھ دیا۔ ایک ایسا فنکار جس نے اردو افسانے کو بلندی پر پہنچا دیا اور جس کے بارے میں یہاں تک کہا گیا۔۔۔

ممتاز شیریں کی تصویر

(انیمیشن کے ذریعے یہ ایفکٹ پیدا کرنے کی کوشش کی جائے گی کہ ممتاز شیریں ہی بول رہی ہیں)

ممتاز شیریں: منٹو ہمارا سب سے بڑا افسانہ نگار تھا۔ ہندوستان اور پاکستان کا سب سے بڑا افسانہ نگار۔ جس کی تخلیقات کا موازنہ عالمی ادب کے کسی بھی شاہکار سے کیا جا سکتا ہے۔ اگر میں یہ کہوں کہ منٹو ہی ہمارا موپاساں ہیں تو اس میں شک نہیں ہونا چاہئے۔ منٹو اور موپاساں میں بہت کچھ ایک جیسا ہے۔ لیکن یہ بھی سمجھنا ہو گا کہ منٹو نے کبھی موپاساں بننے کی کوشش نہیں کی۔ منٹو خود ہی موپاساں تھا۔ منٹو نے سماج کی گندگی اور برائیوں کو تلخی سے محسوس کیا تھا۔ منٹو نے زندگی کا زہر چکھا تھا۔ اور اس طرح چکھا کہ اس کی کڑواہٹ منہ اور حلق سے اُتر کر اس کی روح میں داخل ہو گئی۔ مگر پھر بھی اُسے انسانیت پر یقین رہا۔ اور موپاساں کی طرح وہ ہمیشہ یہ یقین دلانے کی کوشش کرتا رہا کہ انسانوں میں گندگی بدصورتی یا برائیاں ہو سکتی ہیں۔ مگر اس کے باوجود انسان ہونا فخر کی بات ہے۔

سوپر کیپشن / منٹو کی کہانی، منٹو کی زبانی / فریم کے ایک طرف منٹو کی تصویر / دوسری طرف لکھا ہوا آئے گا۔

میں منٹو ہوں

اس عہد کا سب سے بڑا افراڈ

کیمرہ روشنی کے دائرے میں اینکر سے اوپن کرتے ہیں۔

اینکر: اس میں کوئی شک نہیں کہ منٹو ہمارے عہد کا موپاساں تھا۔ ادبی سفر کے سو

برسوں میں کوئی دوسرا منٹو پیدا نہیں ہو سکا۔ منٹو ۱۱ر مئی ۱۹۱۲ سمبرالہ ضلع لدھیانہ میں پیدا ہوئے۔ باپ کا نام مولوی غلام حسین منٹو تھا۔ منٹو کے آباء و اجداد کشمیر کے تھے۔ مگر یہ لوگ امرتسر میں آ کر بس گئے۔ منٹو کی ابتدائی تعلیم امرتسر میں ہوئی۔ بعد میں یہ علی گڑھ میں پڑھتے رہے مگر انٹر تک ہی تعلیم مکمل کر سکے۔ منٹو کی پہلی کہانی 'تماشہ' تھی جو ان کے نام کے بغیر 'خلق' امرتسر میں شائع ہوئی۔

(وقفہ)

اینکر: لیکن یہ تمام باتیں آپ کو میں کیوں بتا رہا ہوں۔ چلئے، منٹو سے ہی سنتے ہیں۔ اس کی آپ بیتی — خود کو فراڈ کہنے والا منٹو شاید دنیا کا پہلا افسانہ نگار تھا جو خود کو ذلیل کرتے ہوئے بھی فخر محسوس کرتا تھا۔ دیکھئے، وہ آپ سے کیا کہہ رہا ہے۔ (ہنستے ہوئے) ہے نا گنجا فرشتہ۔

آواز: سعادت حسن منٹو حاضر ہو۔

پہلا سگمنٹ

روشنی کے دائرے میں کردار کے طور پر منٹو خود اپنی کہانی بیان کر رہا ہے۔

منٹو: صاحبان! میرے کے بارے میں اب تک بہت کچھ لکھا اور کہا جا چکا ہے — اعتراف میں کم اور اختلاف میں زیادہ۔ یہ بات اگر پیش نظر رکھا جائے تو کوئی عقلمند منٹو کے بارے میں صحیح رائے قائم نہیں کر سکتا۔ میں یہ بتانے آیا ہوں اور سمجھتا ہوں کہ منٹو کے بارے میں اپنے خیالات ظاہر کرنا بڑا مشکل کام ہے، لیکن ایک لحاظ سے آسان بھی ہے، اس لیے کہ منٹو سے مجھے قربت حاصل رہا ہے۔۔۔ سچ پوچھئے تو میں منٹو کا ہمزاد یعنی وہ جن یا شیطان ہوں جو ہر انسان کے ساتھ پیدا ہوتا ہے۔

اب تک اُس شخص کے بارے میں جو کچھ لکھا گیا ہے، مجھے اس پر کوئی اعتراض

نہیں، لیکن میں اتنا سمجھتا ہوں کہ جو کچھ اُن مضامین میں پیش کئے گئے ہیں 'حقیقت سے دور ہیں۔ بعض لوگ اُسے شیطان کہتے ہیں، بعض گنجا فرشتہ۔۔۔ ذرا ٹھہریئے، میں دیکھ لوں، کہیں یہ کمبخت سن تو نہیں رہا۔۔۔ نہیں نہیں، ٹھیک ہے، مجھے یاد آگیا کہ یہ وہ وقت ہے جب وہ پیا کرتا ہے۔۔۔اُس کو شام کو چھ بجے کے بعد کڑوا شربت پینے کی عادت ہے۔

کیمرہ عدالت میں بیٹھے لوگوں پر چارج / شور

جج: آڈر۔۔۔ آڈر

کیمرہ ایک بار پھر منٹو پر فوکس کرتا ہے۔

منٹو: ہم اکٹھّے ہی پیدا ہوئے اور خیال ہے کہ اکٹھا ہی مریں گے، لیکن یہ بھی ہو سکتا ہے کہ سعادت حسن مر جائے اور منٹو نہ مرے، اور مجھے یہ اندیشہ بہت دکھ دیتا ہے، اس لیے کہ میں نے اُس کے ساتھ اپنی دوستی نبھانے میں کوئی کسر اٹھا نہیں رکھی۔۔۔ اگر وہ زندہ رہا اور میں مر گیا تو ایسا ہو گا کہ انڈے کا خول تو سلامت ہے اور انڈے کی زردی اور سفیدی غائب ہو گئی ہے۔

کیمرہ عدالت میں بیٹھے ہنستے ہوئے لوگوں پر چارج

جج: آڈر۔۔۔ آڈر۔۔۔

کیمرہ منٹو پر کلوز ہوتا ہے

منٹو: اب میں زیادہ تفصیل میں جانا نہیں چاہتا، آپ سے صاف کہے دیتا ہوں کہ منٹو ایسا ون ٹو آدمی میں نے اپنی زندگی میں کبھی نہیں دیکھا جسے اگر جمع کیا جائے تو وہ تین بن جائیں۔

کیمرہ ہنستے ہوئے لوگوں پر چارج / منٹو ان لوگوں کی طرف گھوم کر دیکھتا ہے۔ پھر اپنی بات کہنا شروع کرتا ہے

منٹو: یوں تو منٹو کو میں اُس کی پیدائش ہی سے جانتا ہوں۔۔۔ ہم دونوں اکٹھّے ایک ہی وقت گیارہ مئی ۱۹۱۲ء کو پیدا ہوئے۔۔۔ لیکن اس نے ہمیشہ یہ کوشش کی ہے کہ خود کو کچھوا بنائے رکھے، جو ایک دفعہ اپنا سر اور گردن چھپالے تو آپ لاکھ تلاش کرتے رہیں' اس کا سراغ نہ ملے۔۔۔ لیکن میں بھی آخر اس کا ہمزاد ہوں، میں نے اُس کی ہر جنبش کا مطالعہ کر ہی لیا ہے۔

کیمرہ بیٹھے ہوئے لوگوں میں سے ایک پر چارج / وہ آدمی ہاتھ اٹھاتا ہے۔

آدمی: منٹو صاحب، یہ بتایئے آپ افسانہ نگار کیسے بنے

کیمرہ منٹو پر چارج

لیجئے، اب میں آپ کو بتاتا ہوں کہ یہ خرذات افسانہ نگار کیسے بنا۔۔۔ نقاد بڑے لمبے چوڑے مضمون لکھتے ہیں ' اپنی صلاحیت کا ثبوت دیتے ہیں، شوپین ہاور، فرائیڈ، ہیگل، نیتشے، مارکس کے حوالے دیتے ہیں، مگر حقیقت سے کوسوں دور رہتے ہیں۔

منٹو کا کہانی بُننا دو اختلاف کے ٹکراؤ کا نتیجہ ہے۔۔۔ اُس کے والد' خدا انہیں بخشے، بڑے سخت گیر تھے اور اس کی والدہ بے حد نرم دل۔۔۔ ان دو پاٹوں کے اندر پس کر یہ گیہوں کا دانا کس شکل میں باہر نکلے گا اس کا اندازہ آپ کرسکتے ہیں۔ اچھا اب اس کی کہانیوں کے بارے میں 'سنیے' وہ اوّل درجے کا فراڈ ہے۔ پہلا افسانہ اُس نے 'تماشہ' عنوان سے لکھا۔ جو جالیاں والا باغ کے خونی حادثے کے بارے میں تھا۔ یہ افسانہ اُس نے اپنے نام سے نہیں چھپوایا۔ یہی وجہ ہے کہ وہ پولس کے ہتھے چڑھنے سے بچ گیا۔

سوپر کیپشن منٹو: پہلا چہرہ /

کیمرہ اینکر پر فوکس

اینکر: پہلی کہانی 'تماشہ' اور وہ بھی جالیاں والے باغ کے خونی حادثے پر۔ منٹو کتنا

انقلابی تھا۔ یہ جاننے کے لیے ایک واقعہ سن لیجئے۔ مطالعے کا شوق منٹو کو بچپن سے تھا۔ اور اس جنون کے لیے گھر سے پیسے چراتے ہوئے بھی اُسے شرم نہیں آتی تھی۔ ایک بار امرتسر ریلوے اسٹیشن کے بُک اسٹال سے وہ کتاب چراتے ہوئے پکڑے گئے۔ جب پولس اُنہیں لے کر تھانے جانے لگی تو منٹو زور زور سے انقلاب زندہ باد کے نعرے لگانے لگے۔ چاروں طرف بھیڑ لگ گئی۔ لوگوں نے سوچا کوئی دیش بھگت ہے جسے انگریزوں کے خلاف بولنے کے جرم میں پولس لیے جا رہی ہے۔ آخر پولس کو منٹو کو چھوڑنا پڑا۔ منٹو کتنا انقلابی تھا یہ سردار جعفری کی زبانی سنئے۔

سردار جعفری کی تصویر فریم میں ابھرتی ہے

سردار جعفری: منٹو سے میری پہلی ملاقات ایک مشاعرے میں ہوئی۔ جب میں مشاعرے کے بعد باہر نکلا تو ایک ذہین آنکھوں اور بیمار چہرے والا طالب علم مجھے اپنے کمرے میں یہ کہہ کر لے گیا کہ میں بھی انقلابی ہوں۔ اُس کے کمرے میں وکٹر ہیوگو کی بڑی سی تصویر لگی ہوئی تھی۔ اور میز پر چند دوستوں کے ساتھ اُس کی اپنی تصویر تھی جس کے پیچھے گورکی کی تحریر تھی۔ یہ سعادت حسن منٹو تھا۔ اُس نے مجھے بھگت سنگھ پر مضمون پڑھنے کے لیے دیئے۔ وکٹر ہیوگو اور گورکی سے تعارف کرایا۔

میں جب اپنی تعلیم مکمل کر کے لکھنؤ چلا گیا اور منٹو بمبئی، تو اس نے مجھے کئی بار بمبئی بلایا۔ جب میں کمیونسٹ پارٹی کے ہفت روزہ میں کام کرنے کے لیے ۱۹۴۲ء میں بمبئی پہنچا تو میرے اور منٹو کے درمیان ادبی اختلافات کی کھائی کافی وسیع تر ہو چکی تھی لیکن ہماری دوستی میں فرق نہیں آیا۔ اپنے کڑوے کسیلے لمحے بھی آئے اور تیز و تند کیفیت بھی پیدا ہوئی۔ اس رات منٹو بڑی دیر تک باتیں کرتا رہا اور ہم دونوں نے مل کر ایک رسالہ نکالنے کی اسکیم بھی تیار کی۔ شاہد لطیف نے اس کا نام 'نیا ادب' تجویز کیا۔ یہ رسالہ پانچ چھ سال

بعد لکھنؤ سے نکلا لیکن منٹو اور شاہد لطیف کے بجائے 'مجاز' اور سبطِ حسن میرے ساتھ تھے۔

کیمرہ اینکر پر فوکس

اینکر : تو یہ منٹو کا پہلا چہرہ تھا۔ ایک انقلابی اور وطن پرست کہانی کار کا چہرہ۔ اور منٹو کو خود بھی اس چہرے پر کوئی اعتراض نہ تھا۔ شروعات میں منٹو روسی ادب سے بھی خاصہ متاثر ہوا۔ مارکس، لینن، اسٹالن، گورکی اور والیٹر کے ادب اور آئیڈیالوجی سے بھی متاثر ہوا۔ شہید بھگت سنگھ اور آزادی کے متوالے کی کہانیوں نے اچانک منٹو کے سوچنے سمجھنے کا انداز بدل دیا۔ اور اچانک منٹو میں ایک دوسرے چہرے کا جنم ہوا۔ یہ دوسرا چہرہ سیاسی اور انقلابی چہرے سے مختلف تھا۔ اب اس کی جگہ جنسی استحصال اور باغی تصورات نے لے لیا تھا۔ کالی شلوار، دھواں اور ٹھنڈا گوشت جیسی کہانیوں نے ادب میں ہنگامہ برپا کر دیا اور منٹو پر فحش لٹریچر لکھنے کا الزام لگایا گیا۔

کیمرہ منٹو کی تصویر پر مرکوز

اینکر : دراصل منٹو کی کہانیاں بدلے ہوئے وقت کی کہانیاں تھیں۔ فرنگی گھوڑوں کا ظلم اور سسکتی ہوئی غلامی، عورت کا مظلوم چہرہ ۔۔۔ منٹو کے اندر کا افسانہ نگار بھلا سب کچھ دیکھتے ہوئے خاموش کیسے رہتا۔ اس لیے منٹو پر جب الزام لگنے شروع ہوئے تو منٹو کو کہنا پڑا ۔۔۔ اگر آپ میری کہانیوں کو برداشت نہیں کر سکتے تو اس کا مطلب یہ ہے کہ ہمارا یہ عہد ناقابل برداشت ہو چکا ہے۔ مجھ میں جو خامیاں ہیں وہ اس عہد کی خامیاں ہیں۔ میرے لکھنے میں کوئی قصور نہیں۔ میرے نام سے جس کو وابستہ کیا جاتا ہے وہ دراصل نئے سماج کا قصور ہے۔ میں بدعنوانی نہیں چاہتا۔ میں لوگوں کے خیالوں کو بھڑکانا نہیں چاہتا۔ میں اُس تہذیب کی چولی کیوں اُتارنا چاہوں گا جو خود ننگی ہے۔ میں اُسے کپڑے پہنانے کی

کوشش نہیں کرتا کیونکہ یہ درزی کا کام ہے۔

سوپر کیپشن / منٹو: دوسرا چہرہ / فحش نگار منٹو

کیمرہ اینکر پر فوکس

اینکر: منٹو کی فحش نگاری پر باتیں ہو گئیں۔ اب چلئے منٹو سے خود جانتے ہیں کہ وہ کتنا بڑا فحش نگار تھا۔

کیمرہ روشنی کے دائرے میں کھڑے منٹو پر چارج / اس زاویے سے وہاں گیلری میں بیٹھے لوگوں پر بھی کیمرہ پین ہوتا ہے۔

منٹو: منٹو حاضر ہے۔ اور جیسا کہ آپ جانتے ہیں میں منٹو کا ہمزاد ہوں۔ یہ عجیب بات ہے کہ لوگ منٹو کو بڑا غیر مذہبی اور گندہ انسان سمجھتے ہیں، اور میرا بھی خیال ہے کہ وہ کسی حد تک اس درجے میں آتا ہے، اس لیے کہ وہ عام طور پر منٹو گندے موضوعات پر قلم اٹھاتا ہے اور ایسے لفظ اپنی تحریر میں استعمال کرتا ہے، جن پر اعتراض پر گنجائش ہو سکتی ہے 'لیکن میں جانتا ہوں کہ جب بھی منٹو نے کوئی افسانہ لکھا، پہلے صفحہ کی پیشانی پر 786 ضرور لکھا، جس کا مطلب ہے بسم اللہ۔۔۔ یہ شخص جو اکثر خدا سے انکاری نظر آتا ہے، کاغذ پر مومن بن جاتا ہے۔۔۔ منٹو کاغذی منٹو ہے جسے آپ کاغذی باداموں کی طرح صرف انگلیوں سے توڑ سکتے ہیں 'ورنہ لوہے کے ہتھوڑے سے بھی ٹوٹنے والا آدمی نہیں۔

کیمرہ آرٹ گیلری میں بیٹھے لوگوں پر فوکس / پل بیک کرتے ہی کیمرہ دوبارہ منٹو پر چارج

اب میں منٹو کی شخصیت کی طرف آتا ہوں، چند الفاظ میں بیان کئے دیتا ہوں۔۔۔ وہ چور ہے۔۔۔ جھوٹا ہے۔۔۔ دغا باز ہے۔۔۔ مجمع گیر ہے۔۔۔ اس نے اکثر اپنی بیوی کی

غفلت سے فائدہ اٹھاتے ہوئے کئی کئی سو روپے اڑائے ہیں!۔۔۔اِدھر آٹھ سولا کر دیئے اور اُدھر چور آنکھ سے دیکھتا رہا کہ وہ کہاں رکھ رہی ہے، اور پھر دوسرے ہی دن اُن میں سے ایک سو کا نوٹ غائب کر دیا۔۔۔ جب اس بے چاری کو اپنے نقصان کی خبر ہوئی' وہ نوکروں کو ڈانٹنا ڈپٹنا شروع کر دیتی۔

کیمرہ آرٹ گیلری میں بیٹھی ایک عورت پر چارج

عورت (ہنستی ہوئی): یہ کیسے معلوم ہو کہ انسان منٹو کتنا سچا ہے اور فکشن نگار منٹو کتنا جھوٹا

کیمرہ منٹو پر چارج

منٹو: یوں تو منٹو کے بارے میں مشہور ہے کہ وہ سچّا ہے، لیکن میں اِسے ماننے کے لیے تیار نہیں۔۔۔ وہ اوّل درجے کا جھوٹا ہے۔ شروع شروع میں اس کا جھوٹ گھر میں چل جاتا تھا، اس لیے کہ اُس جھوٹ میں منٹو کا خاص ٹچ ہوتا تھا، لیکن بعد میں اس کی بیوی کو معلوم ہو گیا کہ اب تک منٹو کو اس خاص معاملے کے مطابق جو کچھ کہا جاتا رہا ہے، جھوٹا تھا۔۔ منٹو جھوٹ کفایت سے بولتا ہے، لیکن اس کے گھر والے، مصیبت یہ ہے، اب یہ سمجھنے لگے ہیں کہ اُس کی ہر بات جھوٹی ہے، اُس تل کی طرح جو کسی عورت نے اپنے گال پر سرمے سے بنا رکھا ہو۔

کیمرہ آرٹ گیلری میں بیٹھے لوگوں پر چارج / دوبارہ منٹو کو کلوز میں لیتا ہے۔

منٹو: وہ ان پڑھ ہے، اس لحاظ سے کہ اُس نے کبھی مارکس کا مطالعہ نہیں کیا، فرائیڈ کی کوئی کتاب آج تک اس کی نظر سے نہیں گذری، ہیگل کا وہ صرف نام ہی جانتا ہے، لیکن مزے کی بات یہ ہے کہ لوگ، میرا مطلب ہے نقاد یہ کہتے ہیں کہ وہ ان تمام دانشوروں سے متاثر ہے۔۔۔ جہاں تک میں جانتا ہوں، منٹو کسی دوسرے شخص کے خیالات سے

متاثر ہوتا ہی نہیں۔۔۔ وہ سمجھتا ہے کہ سمجھانے والے سب چغد ہیں، دنیا کو سمجھنا نہیں چاہئے، اس کو خود سمجھنا چاہئے۔۔۔ خود کو سمجھا سمجھا کر وہ ایک ایسی سمجھ بن گیا ہے، جو سمجھ بوجھ سے بالاتر ہے۔۔۔ وہ بعض دفعہ ایسی اوٹ پٹانگ باتیں کرتا ہے کہ مجھے ہنسی آتی ہے۔ میں آپ کو پورے یقین کے ساتھ کہہ سکتا ہوں کہ منٹو، جس پر فحاشی کے سلسلے میں کئی مقدمے چل چکے ہیں صفائی پسند ہے، لیکن میں یہ بھی کہے بغیر نہیں رہ سکتا کہ وہ ایک ایسا پاانداز (پاؤں صاف کرنے والا ٹاٹ یا چٹائی) ہے جو خود کو جھاڑتا ہے پھٹکتا رہتا ہے۔

کیمرہ اینکر پر فوکس

اینکر: مشہور افسانہ نگار کرشن چندر نے کہا تھا — اردو میں اچھے افسانہ نگار تو پیدا ہوتے رہیں گے لیکن منٹو دوبارہ پیدا نہیں ہو گا۔ 'کھول دو' منٹو کی ایسی کہانی تھی جو سماج کی ننگی سچائیوں کو سامنے لاتی ہے۔ آیئے، اُس کہانی کی چھوٹی سی جھلک دیکھتے ہیں۔

کٹ ٹو

اینکر کو کہانی پڑھتے ہوئے دکھایا جائے گا ساتھ میں Visual چلتے رہیں گے۔

سپر کیپشن

کھول دو

اینکر: ایک دن سراج الدین نے کیمپ میں اُن رضاکار نوجوانوں کو دیکھا۔ وہ لاری میں بیٹھے تھے۔ وہ بھاگا بھاگا ان کے پاس گیا — لاری چلنے ہی والی تھی کہ اُس نے پوچھا: "بیٹا۔۔۔ میری سکینہ کا پتہ چلا۔۔۔؟" سب نے ایک زبان ہو کر کہا: "چل جائے گا، چل جائے گا۔۔۔" اور لاری چل پڑی۔ اُس نے ایک بار پھر اُن نوجوانوں کی کامیابی کی دعا مانگی — اور یوں اُس کا جی کسی قدر ہلکا ہو گیا۔

اُسی شام کیمپ میں جہاں سراج الدین بیٹھا ہوا تھا، اُس کے پاس ہی کچھ گڑبڑ ہوئی۔

چار آدمی کچھ اٹھا کر لا رہے تھے۔ اُس نے دریافت کیا تو اسے معلوم ہوا کہ وہ لڑکی ریلوے لائین کے پاس بیہوش پڑی تھی، لوگ اُسے اٹھا کر لا رہے ہیں۔ وہ اُن کے پیچھے پیچھے ہو لیا۔ اُن لوگوں نے لڑکی کو ہسپتال کے سپرد کیا اور چلے گئے۔ وہ کچھ دیر تک ایسے ہی ہسپتال کے باہر گڑے ہوئے لکڑی کے کھمبے کے ساتھ لگ کر کھڑا رہا، پھر آہستہ آہستہ اندر چلا گیا۔ ایک کمرے میں کوئی بھی نہیں تھا، بس ایک اسٹریچر تھا، جس پر ایک لاش سی پڑی تھی۔ وہ چھوٹے چھوٹے قدم اٹھاتا ہوا بڑھا۔ کمرے میں اچانک روشنی ہوئی۔ اُس نے لاش کے زرد چہرے پر چمکتا ہوا تل دیکھا، اُس نے پوچھا: "کیا ہے؟" اس کے حلق سے صرف اتنا نکل سکا: "جی میں۔۔۔ جی میں اس کا باپ ہوں۔۔۔" ڈاکٹر نے اسٹریچر پر پڑی ہوئی لاش کی طرف دیکھا، پھر لاش کی نبض ٹٹولی اور اس نے کہا: "کھڑکی کھول دو۔۔۔"

مردہ جسم میں جنبش ہوئی۔۔۔ بے زبان ہاتھوں نے ازار بند کھولا۔۔۔ اور شلوار نیچے سرکا دی۔۔۔ بوڑھا سراج الدین خوشی سے چلّایا: "زندہ ہے۔۔۔ میری بیٹی زندہ ہے۔۔۔" ڈاکٹر سر سے پیر تک پسینے میں غرق ہو چکا تھا۔

تالیوں کی گڑگڑاہٹ / کیمرہ اینکر پر مرکوز

اینکر: تو یہ تھا ہمارا آپ کا منٹو۔ سعادت حسن منٹو۔ منٹو تقسیم کے بعد مجبوری کی وجہ سے پاکستان چلے گئے۔ اور وہاں ۷ برس بعد بیماری کی حالت میں ان کا انتقال ہو گیا۔ یوں منٹو کے مرنے کے بعد منٹو کی شان میں سب نے لکھا۔ لیکن دیویندر ستیار تھی نے جو لکھا—اُس کی نظیر نہیں ملتی۔

کیمرہ دیویندر ستیار تھی کی تصویر پر چارج۔

وائس اوور

منٹو خدا کے دربار میں پہنچا تو عرض کیا تم نے مجھے کیا دیا۔ ۴۲ سال کچھ مہینے۔ میں نے تو سوگندھی کو صدیاں دی ہیں۔

(تالیوں کی آواز)

کیمرہ اینکر پر چارج

اینکر: منٹو کو سمجھنا آسان بھی ہے اور مشکل بھی۔ منٹو کی کہانیوں کو صرف فسادات کے تناظر میں یا نفسیاتی تجزیے کے طور پر نہیں سمجھا جا سکتا۔ منٹو فحش نگار ہے لیکن اگر اس کی کہانیوں کا مطالعہ کریں تو جن کہانیوں میں منٹو خود کردار کی حیثیت سے ہے، وہاں وہ شریف نظر آتا ہے۔ یہاں بھی وہ فراڈ ہے۔ وہ ہوتا کچھ ہے۔ دکھاتا کچھ اور ہے۔ تقسیم منٹو کو راس نہیں آئی اور اس کے ٹوبہ ٹیک سنکھ نے نو مینس لینڈ پر دم توڑ دیا— منٹو پاکستان ضرور چلا گیا۔ مرا بھی وہیں۔ لیکن اس کی آتما آخر آخر تک ہندستان میں رہی۔ بیشک دوسرا منٹو نہ ہندستان پیدا کر سکتا ہے اور نہ پاکستان— دونوں ملکوں کے لیے ایک ہی منٹو کافی ہے— فراڈ منٹو—

ہلکی میوزک

فیڈ آوٹ

☆☆

منٹو: ایک کولاژ

شیڈ ایک

منٹو کا ذکر آتے ہی اچانک دیوندر سیتارتھی کی یاد تازہ ہو جاتی ہے۔ منٹو کا تجزیہ کرنا ہو تو منٹو اور منٹو پر لکھے گئے بے شمار مضمون ایک طرف، اور دوسری طرف منٹو پر لکھی گئی سیتارتھی کی چند سطریں جن کی نظیر ملنا مشکل ہے۔ منٹو مرنے کے بعد خدا کے دربار میں پہنچا تو بولا، تم نے مجھے کیا دیا۔۔۔ بیالیس سال، کچھ مہینے، کچھ دن، میں نے تو سوگندھی کو صدیاں دی ہیں۔

سوگندھی منٹو کے مشہور افسانہ "ہتک" کا کردار ہے۔ لیکن ایک 'ہتک' ہی کیا منٹو کا افسانہ پڑھتے ہوئے ایسا لگتا ہے جیسے ہر افسانہ 'ہتک' اور اس سے آگے کی کہانی ہے۔ کیونکہ فکر کی منزل ہر آن بلند سے بلند تر ہوتی چلی جاتی ہے۔

منٹو عام افسانہ نگار نہیں تھا۔ منٹو کا ادبی قد وہی تھا جو چیخوف اور موپاساں کا تھا۔ منٹو کی گنتی ان خوش نصیب افسانہ نگاروں میں ہوتی ہے جن کی فنکارانہ صلاحیتوں کو ان کی زندگی میں ہی تسلیم کر لیا جاتا ہے۔ شہرت اس کے قدم چومتی تھی۔ ناقد منٹو پر بات کرتے ہوئے اس کا موازنہ چیخوف اور موپاساں سے کرنے لگے تھے۔ منٹو لکھنے سے پہلے بہت زیادہ سوچتا بھی نہیں تھا۔ کہانی اس کے گھر کی پالتو بلی جیسی تھی جو ذرا سا پچکارنے پر

اس کے پاس آجاتی۔ اپنے گھر کے بکھرے ہوئے کمرے میں منٹو قلم اٹھاتا اور کہانی خود بہ خود شروع ہو جاتی۔ ہزاروں کہانیاں — خاکے — مضامین — گنجے فرشتے سے سیاہ حاشیے تک جتنے تجربے منٹو نے کیے اتنے تو شاید چیخوف اور موپاساں نے بھی نہیں کیے ہونگے۔

حقیقت یہ ہے کہ اپنے ہر نئے افسانے کے ساتھ منٹو کا ذہنی معیار اور بلند، پختہ اور تازگی سے بھرپور معلوم ہوتا ہے جو قاری کو سحر آمیز ڈھنگ سے اپنے حصار میں لے لیتا ہے۔ منٹو کی تخلیقی ہنر مندی یہ ہے کہ وہ اپنے افسانے کی پہلی سطر سے ہی قاری کو اپنی گرفت میں لے لیتا ہے جیسے کہہ رہا ہو — پکڑ لیا نہ۔۔۔ اب بچ کر جاؤ گے کہاں ؟ اب آخر تک میرے افسانے کو پڑھ ڈالو۔

"اس بار میں ایک عجیب سی چیز لکھ رہا ہوں، ایسی چیز جو ایک ہی وقت میں عجیب و غریب اور زبردست بھی ہے اور اصل چیز لکھنے سے پہلے آپ کو پڑھنے کے لیے اکسا رہا ہوں۔ اس کی وجہ یہ ہے کہ کہیں آپ کل کو یہ نہ کہہ دیں کہ ہم نے چند سطریں پڑھ کر ہی چھوڑ دیا تھا کیونکہ وہ خشک سی تھی۔ آج اس بات کو قریب قریب تین ماہ گزر گئے ہیں کہ میں بھائی نان کی کے مطابق کچھ لکھنے کی کوشش کر رہا تھا۔"

منٹو کی اس قصہ گوئی نے ہی انہیں قاری کا ہیرو بنا دیا تھا۔ منٹو کی قصہ گوئی دراصل اس کے اندرونی کرب کی پیداوار ہے۔ غلامی کا المیہ، ملک کے بٹوارے کا درد، اپنوں کی موت اور ان کی جدائی کا کرب — ان سارے موضوعات نے منٹو کے افسانے کو ایک نیا کینوس دیا۔ اس لیے منٹو کے افسانے محض تفریح طبع کے لیے نہیں ہیں۔ دراصل اس کا ہر افسانہ پچھلے افسانے کی توسیع ہے۔ منٹو شاید اپنے وقت اور اپنے عہد کو سمجھنا چاہتا تھا۔

اپنے عہد کی نئی حقیقتوں، نئے کنزیومر کلچر، اور تیزی سے تبدیل ہوتی ہوئی نئی تہذیب کو جہاں ایک نیا ملک نئے سرے سے اٹھنے کی کوشش کر رہا تھا— منٹو انہیں جاننا چاہتا تھا، جانچنا چاہتا تھا، پرکھنا چاہتا تھا۔ بنتی بگڑتی یہ تصاویر اس وقت دونوں ہی ملکوں کا سچ تھیں— ہر حساس طبیعت انسان کے لیے ملک کا بٹوارہ ضرب کاری تھا۔ ہندستان اور پاکستان جو پہلے ایک تھے، ایک قوم، ایک تہذیب اور ایک سے چولہے رکھنے والے لوگ دو حصوں میں بٹ گئے— بھائی بھائی جدا ہو گئے۔ ملک اور مذہب کی دیواریں کھڑی ہو گئیں —ہندو پاک کے نام کی تختی لگا دی گئی— یہ تختی سرحدوں پر ہی نہیں دلوں پر بھی لگ گئی۔۔۔ یہ زخم ایسا تھا جسے شاید اس وقت کے تمام ترقی پسند تخلیق کاروں میں سب سے زیادہ منٹو نے محسوس کیا، یہ ہم نہیں منٹو کی تحریریں بتاتی ہیں۔ ان موضوعات کو لے کر منٹو کی قصہ گوئی نے اسے اپنے خاص رنگ کا موجد بنا دیا۔ جیسے یہ رنگ دیکھیے۔

"دھوئیں کا علاقہ ختم ہوا تو پولس کے سپاہیوں نے دیکھا کہ ایک کشمیری مزدور پیٹھ پر وزنی بوری اٹھائے بھاگا جا رہا ہے۔ سیٹیوں کے گلے خشک ہو گئے مگر وہ کشمیری مزدور نہ رکا۔ اسی کی پیٹھ پر وزن تھا۔ معمولی وزن نہیں۔ ایک بھری ہوئی بوری تھی۔ لیکن وہ ایسے دوڑ رہا تھا جیسے پیٹھ پر کچھ ہے ہی نہیں۔

سپاہیوں نے اسے پکڑ لیا اور بوری سمیت لے گئے۔ راستے میں کشمیری مزدور نے بار بار کہا، حضرت آپ مجھے کیوں پکڑتے ہیں۔ میں تو غریب آدمی ہوں۔ چاول کی ایک بوری لیتیں۔۔۔ گھر میں کھاتی۔۔۔ آپ ناحق مجھے گولی مارتیں، لیکن اس کی ایک نہ سنی گئی۔ جب وہ تھک ہار گیا تو اس نے اپنی ٹوپی سے ماتھے کا پسینہ پوچھا اور چاول کی بوری کی طرف حسرت بھری نگاہوں سے دیکھ کر تھانیدار کے آگے ہاتھ پھیلا کر کہا۔ "اچھا حضرت تم بوری اپنے پاس رکھو۔۔۔ میں اپنی مزدوری مانگتا۔۔۔ چار آنے۔"

یہی منٹو کا اپنا انداز ہے — منٹو کے اپنے تیور ہیں۔ افسانہ کہنے اور بننے کا جو سلیقہ منٹو کی کہانی میں نظر آتا ہے وہ نایاب ہے — مختلف ہے — منٹو شروع سے ہی خود کو بڑا افسانہ نگار ہونے کا اعلان کرتا آیا ہے اور حقیقت میں جس وقت کہانیاں روایتی انداز میں لکھی جا رہی تھیں، منٹو نے اس دور میں بھی کہانی کو اپنے حساب سے جیا اور آگے کی رفتار تیز کر دی۔ تجربے بھی کیے۔ اپنے وقت کے ہم عصر افسانہ نگاروں میں بہ یک وقت روایتی بھی تھا اور جدید بھی۔ وہ کالی شلوار، اور کھول دو بھی لکھ رہا تھا، وہیں قیما کے بجائے بوٹیاں جیسی کہانی میں اس کے اندر کے جدید افسانہ نگار کو بھی دیکھا جا سکتا ہے۔ منٹو ہر رنگ میں منٹو ہے۔

شیڈ دو

میرٹھ کی قینچی ہو یا لاہور کا کاتب۔۔۔ یہ منٹو ہی تھا جس کے قلم سے شاید ہی کوئی کردار بچا ہو۔ اسی لیے منٹو اپنے ہم عصر افسانہ نگاروں سے بہت مختلف ہے۔ روزمرہ کی زندگی میں وقوع پذیر ہونے والے واقعات پر اس کی گہری نظر رہتی تھی۔ وہ لوگوں کے اندر اتر کر اپنے افسانے کے کردار تلاش کر لیا کرتا تھا۔ لیکن منٹو کے ساتھ ناانصافی یہ ہوئی کہ اس کے چاہنے والوں نے اسے کچھ بڑے افسانوں کا ہی خالق بنا کر رکھ دیا۔ یہ فنکار منٹو کے ساتھ زیادتی تھی۔

منٹو کو سمجھنے کے لیے اس وقت کی ترقی پسند کو سمجھنا جتنا ضروری ہے — اس وقت کے ان چار بڑے ستون کو بھی — جن کے بغیر اردو کہانیوں پر گفتگو ہو ہی نہیں سکتی۔ دراصل اس دور میں سب ہی اچھا لکھ رہے تھے اور سب کی منشا یہی ہوتی کہ کون کسے اپنی

کہانی کے ذریعے پچھاڑ دے — لیکن منٹو کا رول اس پچھاڑ میں بھی مختلف رہا۔

چار مضبوط ستون

جب بھی کوئی بڑا فنکار ہمارے درمیان نہیں ہوتا ہے، اس زبان کے چاہنے والوں کے درمیان اس طرح کی باتوں کا بازار گرم ہو جاتا ہے کہ اس پیدا شدہ خلا کو آخر کیسے بھرا جائے گا۔ منٹو کے بعد آج تک تو یہی کہا جاتا رہا ہے کہ دوسرا منٹو نہیں آسکتا — اور یہ بات بڑی حد تک سچ بھی ہے۔ عصمت یا منٹو کے جانے کے بعد جو خلا پیدا ہوا ہے اس کی بھرپائی کرنا مشکل ہی نہیں ناممکن ہے۔ یہ سچ ہے کہ اردو کے یہی چار مینار رہے ہیں۔ منٹو، بیدی، کرشن کے بعد عصمت ہی آتی تھیں۔ جن کی تخلیق پر بہت شور برپا رہا — جہاں تک میرا اپنا نظریہ ہے، میں نے عصمت کو پسند تو کیا ہے، لیکن اس حد تک نہیں، جتنا کہ تنقید نگاروں نے ان کا ڈھول پیٹا ہے — اس مطلب یہ نہیں ہے کہ عصمت مجھ کو پسند نہیں رہیں۔ لہجے کی ایسی شگفتگی، بے باکی جو عصمت میں تھیں وہ ان کا اپنا انداز تھا۔ بات میں بات پیدا کرنے کا جیسا ہنر عصمت کے پاس تھا وہ ان کا ہی حصہ تھا۔ قلم کی اس ہنر مندی نے ہی انہیں مقبولیت کا درجہ دلوایا۔ لیکن ہاں جب فکر اور فن کی بات ہوگی میں یہ ضرور کہوں گا کہ عصمت نے اپنی بولڈ کہانیوں کے ذریعہ جہاں معاشرے کے ٹھیکیداروں اور پھیلی ہوئی برائیوں اور خامیوں پر بے رحمی سے ضرب لگائی، وہیں ان کے فکر کی چہار دیواری اتنی کمزور رہی کہ جب وہ لحاف، کی باتیں کرتی ہیں تو دیوار پر جھولتے ہاتھی کے علاوہ انہیں کچھ اور نظر نہیں آتا — اور لحاف دو عورتوں کے جسمانی رشتے سے زیادہ آگے نہیں بڑھ پاتی اور صرف ایک بولڈ تجربہ بن کر رہ جاتی ہے۔

اردو افسانے نے آج ترقی کے جو بھی راستے طے کیے ہیں، ان چار قد آور ستونوں کی اہمیت سے انکار نہیں کیا جا سکتا۔ منٹو، کرشن، بیدی، عصمت نے اردو افسانے کی جو باگ ڈور کبھی اپنے ہاتھوں میں مضبوطی سے پکڑ لی تھی، ان کے بعد یہ گرفت آہستہ آہستہ کمزور پڑتی چلی گئی۔ ان چار ستونوں کے اپنے اپنے، الگ الگ نظریے تھے۔ سب کے الگ رنگ تھے، کرشن میں جو رومانی فضا تھی، پر کشش الفاظ بازیاں تھیں۔ نرم نرم آنچ تھی، سبک لہجہ تھا، چاشنی تھی اور طنز کے ہلکے پھلکے جھونکے تھے وہ صرف اور صرف کرشن کے قلم کا جوہر تھے۔

بیدی کے یہاں جو تہہ داری تھی، نفسیات کی جو طبق در طبق پرتیں تھیں، وہ بیدی کے افسانوں کا حصہ تھیں — بیدی معاشرے کی ڈھکی چھپی پرتوں کو کھولنے پر آتا ہے تو اپنا آپ بالکل عریاں نظر آنے لگتا ہے۔ بیدی کو انسانی نقاب سے نفرت ہے۔ وہ جب تک اسے بے حجاب نہیں کر دیتا اس کے فن کی پیاس نہیں بجھتی۔ بیدی سے بالکل الگ مجھے منٹو لگتا ہے۔ اسٹیٹ فارورڈ — انسانی نفسیات کی گانٹھیں کھولنے میں اسے بھی لذت ملتی ہے لیکن وہ یہ گانٹھیں اس ہنر مندی سے کھولتا ہے جس طرح ایک منجا ہوا قصاب جانور کے بدن سے چمڑا اتارتا ہے۔ منٹو کی نشریت چارلی چیپلین کی کامیڈی سا مزہ بھی دے جاتی ہے اور اس کا سفاکانہ لہجہ جسم کی عمارت کو جھنجھوڑ کر رکھ دیتا ہے — زخمی بھی کرتا ہے۔ نشتر بھی چبھوتا ہے اور مذاق بھی اڑاتا ہے۔

کبھی کبھی سوچتا ہوں میری نسل یا مجھ سے پہلے کی نسل ان چار ستونوں میں سب سے زیادہ منٹو سے کیوں متاثر رہی؟ وجہ صاف ہے — تجربوں کا شوق، اس نسل نے منٹو سے ورثے میں لیا۔ ہاں! یہ بات الگ ہے کہ اس نسل کے زیادہ تر لوگوں کے پاس تجربے کے نام پر وہ زبان نہیں تھی جو منٹو کے پاس تھی۔ منٹو کہانی اور زبان سے کھیلتا تھا۔ فلم ہو،

اسکرین پلے یا ضرورت کے تحت کہانی لکھنے کی فارملٹی پوری کرنا، تب بھی اس میں وہی منٹو ہوتا، جس کی تحریریں آگ لگا دیا کرتی تھیں۔ المیہ یہ ہے کہ منٹو کے بعد تحریر کا یہ بانکپن کسی دوسرے فنکار کا حصہ نہیں بن سکا۔

—کیا منٹو کی کہانیاں محدود موضوعات پر مبنی ہیں۔؟

—فرقہ پرستی سے بالی ووڈ؟

—اور ایک چونکا دینے والا انجام؟

لیکن بھولیے نہیں کہ اسی منٹو نے پھندنے جیسی کہانی بھی لکھی جو شاید اردو کی پہلی علامتی یا جادوئی حقیقت نگاری کو مرکز میں رکھ کر لکھی گئی کہانی تھی— منٹو کا فن اپنے وقت سے صدیوں آگے کے سفر پر تھا۔ شاید اس لیے موجودہ عہد کے تقاضوں کو پورا کرتے ہوئے جب کہانیاں ترقی کی دوڑ میں کافی آگے نکل گئی ہیں، منٹو کو کچھ زیادہ ہی جاننے اور سمجھنے کی ضرورت ہے۔

شیڈ 3 —

منٹو مزاجاً ایک بہتر اور نیک انسان تھا۔ اس لیے اس کی کہانیاں عام انسانی جذبات کی نمائندگی کرتی نظر آتی ہیں۔

منٹو کو سمجھنے کے لیے صرف اس وقت کی غلامی کو ذہن میں رکھنا ہی ضروری نہیں ہے۔ اس لیے منٹو کی کہانیاں صرف تقسیم کا المیہ نہیں ہیں بلکہ تقسیم سے پہلے معاشرے میں جو مد و جزر در پیش آرہے تھے اس نے منٹو کو اپنے تخلیقی عمل میں ایک خطرناک قصاب کی طرح بنا دیا تھا اور وہ کہانی لکھتے وقت اتنا بے رحم ہو جاتا تھا کہ اس کے الفاظ سے لہو رستے دکھائی دیتے تھے—اس کا اظہار اس کے درد کا ترجمان بن جاتا تھا۔ منٹو کے لیے آزادی محض ایک لفظ بھر نہیں تھا۔ منٹو کے لکھنے کی کہانی ایسٹ انڈیا کمپنی کی شروعات،

غلامی کے سیاہ دن اور کالا پانی کے خوفناک قصوں سے بھری ہے۔ کہتے ہیں 1857 میں کالا پانی کی سزا پانے والے ہندستانی باغیوں نے انڈمان میں ایک نیا ہندستان بنایا تھا۔ ایک ایسے ہندستان کا تصور جس کی نیو یکجہتی اور آپسی بھائی چارے پر رکھی گئی تھی۔ لیکن منٹو پر باتیں کرتے ہوئے اس وقت کے حالات کو سمجھنا ضروری ہے۔ سمندر سے گھرا ہوا ایک ایسا جزیرہ جہاں سے ان قیدیوں کا بھاگنا آسان نہیں۔ چاروں طرف گرجتا ہوا سمندر، دہاڑتا ہوا شور، خوفناک درختوں کے بے رحم سائے، جنگلوں میں رہنے والے دہشت گرد آدی واسی، قسم قسم کے جانور اور زہریلے کیڑے مکوڑے انگریزوں نے ملک پرست وفادار ہندستانیوں کے لیے کالا پانی کی سزا کا انتخاب کیا تھا۔ جہاں وہ طرح طرح کی بیماریوں کے شکار ہو جائیں یا دردناک موت کے آہنی شکنجے میں پھنس کر اپنا دم توڑ دیں۔ شاید اس طرح کے الم ناک مناظر منٹو کی آنکھوں میں ہر لمحہ رقص کرتے رہتے تھے۔ اپنا پیارا دیش اس وقت منٹو کو کالا پانی ہی نظر آتا تھا۔ شاید اسی لیے اپنے اندرون کی کشمکش سے شب و روز جنگ کرتا منٹو جب قلم اٹھاتا تو ایک سفاک تخلیق کار بن جاتا جس کے ہر منظر عریاں اور ہر کردار بے حجاب ہوتا زندگی کی قیامت آگ کا دہکتا شعلہ بن کر اس کے قلم کی روشنائی کو ہوا دیتی — پھر جو کہانی بنتی وہ خالص منٹو کی کہانی ہوتی — منٹو کے رنگ میں ہوتی۔۔۔ اور منٹو کی ذہنی کیفیت کی فضا، اس کے فکر کی عکاسی کرتی ہوئی ہوتی۔۔۔

یہی وہ دور تھا جب وقت خاموشی سے منٹو کی تاریخ لکھ رہا تھا۔۔۔ ایسی تاریخ جس نے منٹو کو 100 سال بعد بھی زندہ رکھا اور اگلے سو سال تک اس کے نام کے حرف کو کوئی مٹا نہیں سکتا —

مداخلت اور احتجاج کا سچ

سچ پوچھئے تو ادب کی کوئی حد بندی نہیں ہوتی اور نہ ہی اسے دائروں میں باندھا جا سکتا

ہے۔ دوسرے لفظوں میں اس طرح بھی کہہ سکتے ہیں کہ ادب کو حدود میں قید نہیں کیا جا سکتا— جوائز کی 'یولیسز' سے وابستہ ایک واقعہ نے ایک وقت ایک نئی بحث کا آغاز کیا تھا۔ یولیسز پر بے حجابی اور عریانیت کا الزام لگا۔ مقدمہ چلا۔ جج کی طرف سے یہ کتاب کچھ ایسی موٹی عورتوں کو پڑھنے کے لیے دی گئیں جن کے مزاج میں سیکس کا غلبہ کچھ زیادہ ہی تھا— لیکن ان عورتوں کی یولیسز پڑھنے کے بعد عام رائے یہ تھی کہ اس میں کچھ بھی ایسا نہیں ہے جو ان کے اندر جنسی جذبات کو بے لگام کر سکتا ہو۔

شروعات سے ہی احتجاج یا مداخلت ہمارے ادب کا ایک اہم حصہ رہا ہے۔ سن 2006 کے ناول انعام یافتہ اورہن پامک کا مکمل ادب بھی اسی مداخلت کے دائرے میں آتا ہے۔ پامک تہذیب کے مد و جزر اور بکھراؤ کو الگ الگ نظریے سے اپنے ناول 'دی وہائٹ کیسل'، 'دی بلیک بک' اور 'مائی نیم از ریڈ' میں اٹھا کر سماجی اقدار کے بہانے اپنی مداخلت درج کراتے ہیں۔ دراصل ہم اس مکمل مداخلت کو 1915 کے آس پاس ترکوں میں ہو رہے آرمنیائی اور کرد لوگوں کی مخالفت میں ہونے والی خوفناک کارروائی سے وابستہ کر کے دیکھ سکتے ہیں۔ تیس ہزار کرد اور ایک لاکھ آرمنیائی لوگوں کا قتل عام کیا گیا۔ پامک کے اندر جی رہے بے چین تخلیق کار کے لیے یہ سب کچھ برداشت کرنا بے حد مشکل تھا۔ بعد میں وقت کی یہی مداخلت ان کی تخلیقات میں نظر آنے لگی۔

ابھی کچھ دن پہلے ایک ناول پڑھی تھی۔ جو مداخلت یا احتجاج کے نظریے سے ایک اہم مقام رکھتی ہے۔ لسبین کی قلع بندی کی تاریخ میں یہی ٹکراؤ ایک نئی شکل میں ہمارے سامنے آتا ہے۔ یہاں مداخلت کا مرکزی پوائنٹ 'لفظ' بن جاتا ہے۔ لفظ جو ایک ذرا سی پروف کی غلطی کے ساتھ خطرناک اور بھیانک ہو جاتا ہے کہ پوری انسانیت خطرے میں نظر آتی ہے۔ یہ صدیوں سے چلی آنے والی ادبی روایتوں کو محض آگے

بڑھانے والی کتاب نہیں ہے۔ جیسے کوئی ماہر آرکیٹکٹ ہوتا ہے، اسے پتہ ہے کہ دنیا کی حسین ترین عمارت بنانے کے دوران چاند جیسا کوئی داغ کیسے چھوٹ جائے — وہ اس دلکش عمارت میں ایک چھوٹی سی اینٹ غلط کھسکا دیتا ہے۔ اس کتاب کے پیچھے ایک ایسا ہی نفسیاتی نکتہ رہا ہے جو مذہب کے سارے اصولوں سے انکار کا حوصلہ رکھتا ہے۔

منٹو کا احتجاج

منٹو کا سب سے بڑا احتجاج 'ٹوبا ٹیک سنگھ' کی شکل میں سامنے آیا — جہاں اس نے ملک کے تقسیم ہونے پر اپنا احتجاج ظاہر کیا۔ لیکن منٹو کی باقی کہانیاں بے رحم قلم کے ساتھ اپنی مداخلت درج کراتی رہیں۔ درحقیقت منٹو اپنے ہمعصروں میں سب سے زیادہ وقت کی نزاکت کو سمجھنے کی پرکھ رکھتا تھا۔ اسی لیے منٹو کی یہ کہانیاں اپنے دور کا ایک دستاویز ہیں جنہیں بھلایا نہیں جا سکتا۔

منٹو کا ادب صرف مداخلت درج نہیں کرتا ہے، ادبی دانشوروں کے فکشن کے بنائے گئے پیمانے کو بھی توڑتا ہے۔ وہ اپنا پیمانہ خود بناتا ہے۔ ٹوبا ٹیک سنگھ کو تقسیم ملک نہیں چاہیئے تو نہیں چاہیئے — منٹو صرف کہانیوں تک نہیں رکتا۔ اسی لیے سیاہ حاشیوں کے بت بناتا ہے۔ اس کے خاکے پڑھیے تو ہر خاکے میں بھی وہ احتجاج کے مختلف رویوں سے گزر رہا ہے۔ محمد علی جناح کے ڈرائیور سے باتیں کرتے ہوئے — نسیم بانو یا جدن بائی کے تذکرے میں — یا اپنے وقت کے ہیرو اشوک کمار کی نفسیات کا تجزیہ کرتے ہوئے۔ حقیقت یہ ہے کہ جب غلامی یا تقسیم کے المیہ کو لے کر دوسروں کے قلم رو رہے تھے، یہ منٹو ہی تھا جو ادب میں مضبوط طریقے سے اپنا غصہ، احتجاج اور مداخلت درج کرا رہا تھا۔

* * *